Victoriosamente con Oración

El baile continúa

POR: CYNTHIA E RAZO

Una danza global de fe, cada historia, cada habilidad, Una Victoria.
De una bendición disfrazada que comenzó el testimonio (Libro 1),
a prosperar más allá del valle que profundizó el viaje (Libro 2), y
que ahora se eleva a la danza que continúa (Libro 3). Tu invitación
para unirte a este movimiento de fe comienza aquí.
(También disponible en Ingels / Also Available in English)

1

ISBN (tapa blanda): 978-1-968083-13-7

ISBN (electronico): 978-1-968083-15-1

ISBN (audiolibro): 978-1-968083-17-5

Publicado por Cynthia Razo Publishing

PrayerCoveredMe@gmail.com

Este libro está disponible en ediciones tanto en inglés como en español

Primera edición impresa en Estados Unidos de América

Esta obra es una continuación del testimonio compartido en el Libro 1, *Victoriosos a través del poder de la oración –El Cáncer de mama: una bendición disfrazada*, y en el Libro 2, La *Victoria a través de la oración – Prosperando más allá del valle*. Juntas, estas historias forman un viaje en desarrollo de fe, sanación y victoria generacional.

ELOGIOS AL AUTOR

Una colección de palabras pronunciadas por quienes se sintieron conmovidos, inspirados y fortalecidos por la vida, el testimonio y la obediencia de Cynthia E. Razo.

ALABANZA PARA EL LIBRO

Reflexiones de lectores cuyos corazones se conmovieron, cuya fe se despertó y cuyos pasos encontraron un nuevo ritmo en estas páginas.

ENDOSOS

Un testimonio de impacto de los Libros 1, 2 y 3, la danza de una historia que Dios sigue escribiendo.

A continuación se muestran los respaldos ampliados, incluyendo nuevos elogios inspirados en **el Libro 1** (*Victorioso a través del poder de la oración – El Cáncer de mama: una bendición disfrazada*) y el **libro 2** (La *Victoria a través de la oración – Prosperando más allá del* valle).

RECOMENDACIONES DEL LIBRO 1

Victoriosos a través del poder de la oración: El Cáncer de mama: una bendición disfrazada

"Su primer libro me mostró que los milagros no solo ocurren en los hospitales, sino en corazones que se niegan a dejar de rezar."

"El libro 1 llevaba el peso bruto del valle, y sin embargo cada página estaba llena de valentía. Cynthia nos enseñó lo que significa ser sostenida por Dios en los lugares más oscuros."

"Nunca había visto la fe escrita con tanta honestidad. Este libro me hizo creer de nuevo."

"Su testimonio se convirtió en la oración que no sabía cómo orar por mí mismo."

RECOMENDACIONES DEL LIBRO 2

La Victoria a través de la oración – Prosperando más allá del valle

"El libro 2 se sentía como respirar, más ligero, más sabio y rebosando de sanación. La voz de Cynthia maduró y su alegría se volvió contagiosa."

"En el Libro 2, Cynthia no solo sobrevivió, prosperó y nos invitó a prosperar con ella."

"Este libro me enseñó que curar no borra cicatrices; los transforma en testimonios."

"Cada página se sentía como una mano suave sacándome de mi propio valle."

RECOMENDACIONES PARA EL LIBRO 3

Victoriosamente con la Oración — El Baile Continúa

"El libro 3 tiene un ritmo profético. Pulsa con alegría, restauración y el sonido de una mujer que ha aprendido a bailar de nuevo."

"Esto es más que una continuación, es una elevación. Cynthia escribe desde el desbordamiento, no desde la supervivencia."

"Sus capítulos se sienten como adoración. Sus reflexiones se sienten como una oración. Su historia se siente como en casa."

"Este es el libro que despertará alegría en los lectores que olvidaron lo que es la alegría."

EL ORIGEN DE LA PROMESA DEL LATIDO

Hay símbolos que nos encuentran, no porque los dejemos atrás, sino porque Dios los escribe en nuestro camino.

La letra meñique del Libro 2 representaba la alianza, una promesa entre Dios y yo, y una promesa transmitida a cada lector y oyente. Pero mientras nacía este tercer libro, surgió otro símbolo, tranquilo, constante, universal. Uno que pertenece a cada persona, cada habilidad, cada edad, cada historia.

El latido.

Un ritmo que escucha el oído, se siente con la mano, se ve en un monitor y se transmite en el espíritu, incluso cuando el cuerpo no puede responder.

La Promesa del Latido es la evolución de la Promesa del Meñique: un recordatorio de que mientras el corazón lata, aunque sea suave, aunque sea irregular, incluso asistido, el baile continúa.

Para quienes pueden moverse y para quienes no pueden.
Para quienes pueden hablar, y para quienes no.
Para quienes pueden mover un dedo, parpadear o respirar,
y para aquellos cuyos cuerpos descansan en camas de hospital,
pero cuyos espíritus permanecen plenamente vivos.

El latido es la firma de Dios en cada vida, y esta promesa es sencilla:

Si tu corazón sigue latiendo, tu historia sigue bailando. Tu victoria sigue en marcha. Dios no ha terminado. Este es el significado de la Bendición de la Onda del Corazón. Este es el sello del Libro 3.

LA BENDICIÓN DE LA ONDA DEL CORAZÓN

Un movimiento de victoria para cada cuerpo, cada habilidad, cada respiración. Antes de que entres en este camino, haz una pausa conmigo. Esto no es una pausa de silencio; Esto es una pausa de la vida. Una pausa de victoria. Una pausa de presencia. Una pausa donde el Cielo se encuentra con tu corazón. Cada uno de nosotros baila a diario, nos movamos o no. Cada uno de nosotros lleva un ritmo, un pum... pum, hasta nuestro último aliento, y ese ritmo es adoración. Es testimonio. Es la victoria. Ya sea que tu baile sea en pasos, un meñique levantado, un movimiento de cabeza, un movimiento de cabeza, una respiración, un parpadeo o una quietud total... Tu vida sigue bailando.

Dios no ve la forma. Dios no ve la limitación. Dios no ve el diagnóstico. Dios ve el corazón, y el corazón siempre está en movimiento. Incluso en una cama de hospital. Incluso en parálisis. Incluso en coma. Incluso en silencio. Incluso cuando el cuerpo no puede responder, el espíritu sí puede. Ese latido, pum...pum... es la coreografía universal que el Cielo reconoce. Estás incluido. Estás cubierto. Eres victorioso.

LA BENDICIÓN DE LA ONDA DEL CORAZÓN
1. El levantamiento del meñique, "Estoy cubierto." Si puedes levantar el meñique, levántalo. Si no puedes, siente cómo sube en tu espíritu. Dios ve tu intención.
2. La ola, "Su agua viva fluye a través de mí."
Si puedes agitar la mano, muévela suavemente. Si no, mueve lo que pueda mover: un dedo del pie, un dedo, un hombro, tu cabeza.
Si nada puede moverse, deja que tu aliento sea la ola, y si la respiración es limitada, deja que tu espíritu haga la ola.
3. El regreso al corazón, "Dios me ve." Trae tu mano, tu pensamiento, tu conciencia, tu espíritu de vuelta a tu corazón. Siente el ritmo. Escucha el pum... pum... Ese es tu baile diario. Esa es tu victoria.

UN MOMENTO ESPIRITUAL PARA CADA HABILIDAD
Cierra los ojos o simplemente toma conciencia. Fíjate en tu ritmo o imagínalo. Deja que tu espíritu respire. Piensa en silencio:

"Mi corazón baila. Mi espíritu se mueve. Soy victorioso. Estoy cubierto en oración."

EL BAILE CONTINÚA...
En la victoria, con oración y para Su gloria. Codo con codo, corazón con corazón, cada latido, cada alma, nos alegraremos, testificaremos,
y baila sin vergüenza, victoriosa y libre. Porque la danza continúa, en ti, en mí, en cada latido, latido del corazón Dios puso en marcha... y en cada espíritu Él llama suyo.

Dedicación:

A mi precioso hijo, Gabriel, y a mi preciosa hija, Elizabeth, mi latido, a mi alegría y a mis mayores tesoros dados por Dios. Que el latido de esta portada te recuerde la verdad que oro para que lleves para siempre: nuestros corazones laten al unísono cuando caminamos con Dios. Cada pum... pum... que sientes es un recordatorio de que nunca estás solo. Dios siempre está a una oración de distancia, un susurro cerca, un latido presente.

Como tu madre, te amaré hasta mi último aliento en esta tierra... y por toda la eternidad en presencia de nuestro Dios. Oro para que siempre sepas quién eres y, más importante aún, de quién eres.

Camina con valentía.

Oroa continuamente.

Ama profundo.

Baila libremente.

Recuerda: tu corazón fue creado para latir en victoria, nunca en miedo.

Con todo mi amor, siempre y por toda la eternidad,

Mamá

Reconocimientos:

Con el corazón rebosante de gratitud, doy gracias a cada alma que ha elegido participar en este milagro, cercano o lejano, conocido o desconocido. Tus oraciones, tu ánimo, tu presencia e incluso el simple acto de pasar estas páginas se han convertido en parte de este camino. **Todos batimos el mismo latido de amor y esperanza, la esencia misma de este testimonio.**

A la comunidad global de todas las capacidades, ciegos, sordos, con dificultades auditivas, no verbales, analfabetos y más allá, gracias por acogerme, enseñarme y caminar a mi lado. Me has demostrado que la fe no tiene barreras y el amor no tiene límites. Juntos, concienciamos, abrimos puertas y recordamos al mundo que **cada latido importa, cada voz importa, cada historia importa.**

A mis preciosos hijos, Gabriel y Elizabeth, gracias por compartir a vuestra mamá con el mundo, por ser pacientes, apoyadores y llenos de gracia durante este llamado dado por Dios. Inspiras cada capítulo que escribo y cada semilla que siembra.

A mi familia, amigos y fieles guerreros de oración, vuestras oraciones me han fortalecido más de lo que imagináis. Tu amor me ha llevado a través de valles y me ha ayudado a bailar en las cimas de las montañas. Sobre todo... A mi Dios Todopoderoso, gracias por convertir mi duelo en baile, mi silencio en testimonio y mi latido en un movimiento global de fe. **Dios es bueno. A Él sea toda la gloria.**

Prefacio:

(Isaías 61 : 1 NVI)

"El Espíritu del Señor está sobre mí, porque me ha ungido para proclamar buenas nuevas a los pobres. Me ha enviado a curar a los desconsolados, a proclamar la libertad de los cautivos y la liberación de la oscuridad para los prisioneros. "

Lo que empezó como una bendición disfrazada se convirtió en la puerta de todo lo que vino después. A través de esa estación dolorosa pero sagrada, Dios rompió cadenas que iban mucho más allá de lo físico. Tocó las partes más profundas de mí, emocional, mental y espiritualmente, hasta que cada esclavitud oculta dio paso a Su poder.

A través de la oración, vencí no solo lo que había dentro de mí, sino todo lo que me rodeaba. Familia, amigos, desconocidos, incluso aquellos a quienes quizá nunca conozca, se vieron tocados por el desbordamiento de lo que Dios estaba haciendo. Cuando la oración crece, no se eleva sola; Transmite avances, sanación y esperanza a todos los que están conectados con él.

En mi segundo libro, La *Victoria a través de la oración: Prosperando más allá del valle,* aprendí que la sanación no es el final de la historia; es el comienzo de la unidad. Ese libro unió a la gente. Ofrecía a otros un atisbo de lo que significa caminar por el valle, atravesar el fuego y no quemarse. Nos recordó que prosperar no es solo éxito personal, sino inclusión: compartir tu dolor y tu alegría para que otros encuentren fuerzas para prosperar.

Ahora, *Victoriosamente con Oración- El Baile* Continúa, continúa ese ritmo, una danza de empoderamiento e impacto. Revela cómo la oración en movimiento crea un efecto dominó de gracia, cómo un acto de fe puede repercutir a través de generaciones y naciones.

Esta es la historia de lo que ocurre cuando la victoria y la oración caminan de la mano, cuando la fe pasa de la supervivencia al canto, del dolor al propósito, de la quietud a la celebración.

El baile continúa...

Momento de reflexión

Toma un momento. Toma una respiración suave. Deja que tu corazón se calme hasta alcanzar su ritmo natural, el ritmo que Dios creó a mano para ti.

Susurra suavemente:
"Señor, prepara mi corazón para lo que quieres revelar."

Escritura:

"Llámame y te responderé y te contaré cosas grandes e inexplorables que no conoces."
— Jeremías 33:3 (NVI)

Oración:

Padre Celestial, Abre mi corazón para recibir, mi mente para entender y mi espíritu para oír Tu susurro a través de estas páginas. Que este libro me encuentre exactamente dónde estoy. Amén.

"Pum...Pum... Mi corazón dice:

- *"Señor, estoy listo para aprender..."*
- *"Dios, háblame de..."*
- *"Hoy abro mi corazón a..."*

18

Estas páginas son para ti: escribe, dibuja, ora, sueña y continúa con tu propia danza de victoria.

Introducción:

(Mateo 18 : 19 – 20 NKJV)

"De nuevo, os digo que si dos de vosotros estáis de acuerdo en la tierra respecto a cualquier cosa que pidan, será por ellos por Mi Padre que está en los cielos. Porque donde dos o tres se reúnen en Mi Nombre, yo estoy en medio de ellos."

Cuando empecé este viaje, nunca imaginé que se desarrollaría en más de un libro, y sin embargo aquí estamos, tres testimonios después, cada uno una nueva melodía en la misma canción de fe.

El primer libro, *Victoriosos a través del poder de la oración – El Cáncer de mama: una bendición disfrazada,* nació del dolor. Reveló cómo la rendición desbloquea milagros, cómo lo que parece pérdida puede convertirse en preparación divina. Era la historia de cómo Dios tomó cenizas y formó belleza, convirtiendo el miedo en fe y el sufrimiento en fortaleza.

El segundo libro, La *Victoria a través de la oración: Prosperando más allá del valle,* trataba sobre salir de esa fe, vivirla, compartirla e invitar a otros a hacer lo mismo. Era un puente de inclusión, recordando al mundo que cada historia importa, cada habilidad cuenta, y que prosperar juntos significa dejar que otros vean el fuego que has sobrevivido y la gracia que te ha sostenido.

Este tercer libro, *Victoriosamente con oración – El Baile Continúa,* es la celebración de todo lo que ha surgido de la obediencia y la oración. Es un reflejo de lo que ocurre *después* del valle, cuando el elogio se convierte en el latido del propósito.

El empoderamiento y el impacto no están separados de la oración; nacen de ella. Cada oración respondida crea una onda, un movimiento de fe que se extiende más allá de tu círculo inmediato. Unidos en oración, encendemos el poder de Dios.

Este libro no es solo mi historia, es una continuación de *nuestra* historia: un testimonio global de lo que ocurre cuando las personas se unen en la fe, elevándose mutuamente en amor, compasión y victoria.

La oración y la victoria siempre han estado de la mano, y cuando se mueven juntas, los corazones se sanan, las vidas cambian y la danza de la gracia continúa.

Momento de reflexión

Pon la mano sobre el corazón.
Siente el Pum constante ... *pum...pum...*Esta es tu invitación a la danza, la danza de Dios de sanación, fuerza, alegría y propósito.

Susurro:
"Señor, guíame en esta danza."

Escritura:

"Convertiste mi duelo en baile."
— *Salmo 30:11 (NVI)*

Oración:

Padre Celestial, al comenzar este camino, guía mis pasos, estabiliza mi corazón y despierta la alegría y sanación que has preparado para mí. Deja que cada página me acerque más a Ti. Amén.

"Pum... pum... Mi corazón dice:

- *"Dios, toma mi mano..."*
- *"Señor, guía mis pasos a través de..."*
- *"Hoy comienzo la danza de..."*

Índice

Capítulo 1: Declaración de apertura - La danza continúa: Viviendo en exceso

Llega un momento en cada viaje en que Dios levanta tu barbilla, estabiliza tu respiración y susurra: *"Este siguiente paso es desbordamiento."* No la supervivencia. No la recuperación. **Desbordamiento.** donde la supervivencia se convierte en fuerza, la fuerza en alabanza, y la alabanza en una danza que no puede ser silenciada. Al abrir los ojos a este nuevo capítulo de mi vida, pude sentirlo, un cambio en la atmósfera, un ensanchamiento en el espíritu, un tirón hacia la alegría que ya no podía negar. La danza que una vez comenzó en un valle de lágrimas ahora se eleva sobre una montaña de gratitud, y con cada latido de mi corazón, Dios me recuerda:

"No solo estás viviendo... Estás desbordándote."

Este libro comienza aquí, en movimiento, en adoración, en testimonio, donde la danza continúa y la victoria se convierte en tu ritmo. Ese momento... es ahora.

Entro en este tercer libro no como la mujer que era en el Libro Uno, rota, temblando, aprendiendo a confiar en Dios en el valle, y ni siquiera como la mujer en la que me convertí en el Libro Dos, sanando, elevándome, dando un paso hacia la identidad y el propósito. Entro en este libro como una mujer que camina desbordada, una mujer que ha visto la mano de Dios, sentido su aliento, escuchado su susurro y experimentado su victoria en las partes más profundas de su historia.

Este libro no está escrito desde la supervivencia. Este libro no está escrito desde la recuperación. Este libro está escrito desde la libertad. De elogios. Por obediencia. De una identidad restaurada. De un corazón que se atreve a bailar ante el Señor, sin vergüenza, sin miedo e intacto. El baile que David bailó no estaba pulido; Era poderoso. No fue ensayado; Era real. No era para personas; fue para Dios, y como David, entro en este libro con audacia, gratitud, autoridad y una alabanza que viene de las profundidades de cada valle por el que he caminado y de cada victoria a la que Dios me ha llevado.

Esta apertura no es un comienzo. Es una continuación, una declaración de que el Dios que me cubrió en el Libro Uno y me sanó en el Libro Dos es el mismo Dios que ahora me llama a alabarle con todo mi corazón en el Libro Tres. Este libro es mi baile. Mi adoracion. Mi exceso. Mi ofrenda, y que cada página os recuerde esta verdad:

Si Dios te trajo a través del valle... Te enseñará a bailar en la montaña. Si Dios te llevó en tu debilidad... Te encendra con tu fuerza. Si Dios sano tu corazón... Usará tus alabanzas para sanar a los demás.

Deja que este libro despierte la audaz alabanza que llevas dentro y despierte la victoria que Dios ya ha depositado en ti, porque la historia no terminó en el valle. El testimonio no terminó en supervivencia. El milagro no terminó en sanación.

El baile continúa...

"Convertiste mi duelo en baile; Me quitaste el saco y me vististe de alegría." — *Salmo 30:11 (NVI)*

Así que, mientras este capítulo marca el ritmo del viaje que te espera, que sientas que el Cielo te atrae hacia un nuevo movimiento. El desbordamiento no es una temporada que se gana; Es una postura que recibes. Con cada paso adelante, con cada respiración elevada hacia Dios, que descubras que lo que una vez te rompió ahora te bendice, lo que antes te agotaba ahora te llena, y lo que antes te silenciaba ahora canta. La danza continúa, no porque el valle haya desaparecido, sino porque Dios está contigo tanto en el valle como en la victoria.

Reflexión— Respira con fuerza

Respira hondo.
Inhala la fuerza de Dios. Exhala todo lo que nunca te pidió que llevaras.

Escritura: Isaías 40:29
"Él da fuerza a los cansados y aumenta el poder de los débiles."

Oración:
Señor, sopla Tu fuerza en mí hoy. Renueva mi valor y tranquiliza mi corazón. Amén.

Pum... pum... Tu corazón dice:

- *"Dios, equipame con..."*
- *"Señor, me rindo..."*
- *"Hoy, recibo fuerza para..."*

Escribe tus pensamientos

Oración de apertura

Padre Celestial,

al comenzar este tercer libro, dedico cada palabra, cada aliento
y cada página a Ti. Gracias por ser el Dios de mi valle, el Dios
de mi sanación y el Dios de mi victoria. Que este libro lleve
Tu presencia, tu alegría y tu poder a cada corazón que lo lea.
Que despierte elogios, encienda la esperanza y libere la
libertad. Usa este testimonio solo para Tu gloria. En el nombre
de Jesús,

Amén.

En la victoria, con oración y para Su gloria. **Pum... pum...**
Porque el baile continúa... en ti, en mí y en todo el mundo.

Capítulo 2: Reflexión inicial de los autores – Una bienvenida, de corazón a corazón

Antes de adentrarnos en las páginas que vienen, quiero conocerte de corazón, aquí mismo. No estás sosteniendo un libro; estás empezando un viaje, uno que late con gracia, respira con propósito y late con el amor de un Dios que nunca se separó de tu lado. A medida que pasas cada página, que te sientas bienvenido, abrazado, comprendido y fortalecido. Mi oración es que te encuentres en algún punto entre líneas, en los susurros de esperanza, en el movimiento de la fe y en la suave invitación a bailar de nuevo. Este es tu espacio seguro. Tu espacio sagrado. Tu conversación sincera con un Dios que escucha cada latido y atesora cada aliento.

Cuando empecé a reflexionar sobre el camino que me trajo hasta aquí, me di cuenta de que cada libro de esta colección llevaba no solo un mensaje, sino un *movimiento*. El primer libro, *Victoriosos a través del poder de la oración – El Cáncer de mama: una bendición disfrazada,* fue mi valle, el testimonio de supervivencia y rendición. La segunda, La *Victoria a través de la oración: Prosperando más allá del valle,* fue mi etapa de crecimiento, prueba de que sanar es más que recuperación; es transformación.

Ahora, *Victoriosamente con Oración – El Baile Continúa* representa la celebración, un ritmo de gratitud, movimiento y alabanza. Es la victoria en movimiento.

"Victoriosamente" no es solo una victoria, es una postura, un ritmo, una conciencia diaria de la gracia de Dios en movimiento. Habla de vivir en la gracia de Dios. La palabra *Con* revela el secreto de cada triunfo: *Oración*. A través de la oración, avanzamos en armonía con la voluntad de Dios. No caminamos solos; caminamos *con* Él. "Con oración" significa una vida que respira con Dios, escucha a Dios y se mueve con Dios, y en ese ritmo divino... *El baile continúa.*

Cuando diseñé la portada, le pedí a Dios que me mostrara una imagen que hablara a todos, algo que pudiera verse no solo con los ojos, sino con el corazón. Pum...pum... las olas del corazón latiendo.

"Quien beba del agua que le daré nunca tendrá sed." *(Juan 4:14)*
Esa ola se convirtió en el símbolo de la *danza*, el ritmo de Su Espíritu moviéndose por el mundo, llevando historias, sanación y esperanza a cada orilla.

La portada: una danza de fe a través de generaciones. Cada una de mis portadas de libros ha llevado un fragmento de mi camino, un testimonio visual de dónde Dios me encontró, cómo me llevó y hacia dónde me está guiando. El libro 3 no es diferente. En muchos sentidos, esta portada es el reflejo más completo de mi pasado, mi presente y el futuro que Dios sigue escribiendo.

En el Libro 1, la mariposa me recordó la transformación, la belleza que Dios crea a partir de las estaciones de ruptura. No elegí la mariposa... Dios lo puso en mi corazón. Se convirtió en un símbolo de nuevo aliento, nueva esperanza y un nuevo comienzo nacido del dolor.

En el Libro 2, las semillas de diente de león representaban liberación, soltar, confiar en Dios y permitirle llevar mi testimonio más lejos de lo que jamás imaginé. Cada semilla es una oración, un susurro de esperanza, un momento de obediencia disperso por el mundo. Aprendí que cuando Dios sopla, nada se queda pequeño. Nada se queda local. Todo se vuelve global.

Ahora, en el Libro 3, todo encaja. En el centro de esta portada hay una línea de latido, constante, viva y llena de movimiento. Representa el ritmo de la vida que Dios restauró en mí. Pero también representa a todos: cada historia, cada cultura, cada habilidad, cada aliento que se une a esta danza global de fe. Este latido no es solo mío. Es nuestro. Pertenece al mundo que Dios está reuniendo a través de este testimonio.

Fluyendo desde el latido del corazón, las semillas de diente de león continúan viajando, llevando cada victoria, cada testimonio y cada promesa que Dios ha cumplido. Flotan a través de fronteras, lenguas y generaciones, un recordatorio constante de que la fe se mueve, respira y va mucho más allá de lo que vemos.

Colocado cerca de la línea del corazón hay un símbolo que guardo cerca: mi corazón de huella digital con promesa de meñique. Dentro de él están las iniciales C • E • G — mis hijos y yo, nuestro pacto, nuestro legado, nuestra promesa a Dios. Es el recordatorio de que esta tarea es más grande que un libro. Es generacional. Es sagrado. Es una promesa de que las semillas que sembró hoy crecerán en la vida de quienes vengan después de mí.

La mariposa (transformación), las semillas de diente de león (liberación), el latido (unidad y vida) y el corazón de promesa meñique (legado y promesa) ahora conviven en esta única portada.

Esto es mi pasado, presente y futuro convirtiéndose en uno solo.

La portada de este Libro 3 no es simplemente obra de arte. Es adoración. Es un testimonio. Es un recuerdo. Es profecía. Declara: Una Danza Global de la Fe, cada historia, cada habilidad, una victoria, y te invita, con cada latido, a unirte a la danza. Estas imágenes hablan del corazón de lo que representa este libro:

inclusión, conexión y elogios.

Cada versión de estos libros, ya sea hablada, impresa, digital, en letra grande o en braille, fue creada para que *todos* puedan vivir esta historia, independientemente de su capacidad. ¿Por qué?, porque el testimonio no está hecho para quedarse en una estantería; Está hecho para compartirse, escucharse, sentirse y verse.

Cuando escribí mi capítulo abierto al final del último libro, invité a mis lectores y oyentes a escribir *su* historia, porque el baile no termina conmigo. Continúa a través de ti. Cada oración, cada victoria, cada acto de valentía añade una nota más a la melodía de fe que creamos juntos. Este libro es la respuesta a esa invitación. Refleja lo que ha ocurrido entre *entonces* y *ahora*, un informe de alabanza de todo lo que Dios ha hecho y de todo lo que sigue haciendo.

El baile continúa. La historia continúa. La oración continúa.

A través de todo, también lo hace Su gracia

Victoriosamente con Oración, no es solo mi próximo capítulo, es nuestro informe colectivo de alabanza. Con el paso del tiempo, cada hora, en días, semanas, meses e incluso años, la danza continúa, más fuerte, más libre y más radiante que nunca, porque el agua viva de Dios nos mantiene a todos en movimiento.

Ha pasado tiempo desde que compartí por primera vez mi viaje a *través de Victoriosos a Través del Poder de la Oración – El Cáncer de Mama - Una bendición disfrazada* y La *Victoria a través de la Oración: Prosperando más allá del valle.* Cada libro llevaba una parte de mi testimonio, uno nacido en el valle, otro más allá, y juntos se convirtieron en un movimiento de fe, esperanza y transformación.

Ahora, este nuevo capítulo lleva un ritmo de celebración. *Victoriosamente con oración – El Baile* continúa es más que un título. Es una declaración, una continuación de alabanza, movimiento y propósito.

En mi primer libro, te recordé que, pase lo que pase, física, mental, emocional o espiritualmente, *la oración es la clave.* En mi segundo libro, extendí esa verdad con una promesa de meñique, símbolo de estar cubierto de oración de principio a fin. Ahora, tiempo después, esa misma promesa continúa, pero ha crecido. Ha viajado. Ha bailado.

Esta vez, se mueve contigo, llevado por el Agua Viva, llegando a corazones de todas las habilidades, idiomas y naciones. La promesa del meñique se ha convertido en algo más que un simple gesto entre autor y lector.

Se ha convertido en una conexión viva, un recordatorio de que la fe sigue en movimiento, la oración sigue siendo poderosa y la victoria sigue en proceso de escritura. Así como una promesa de meñique no puede romperse, tampoco puede romperse la Palabra de Dios. La misma mano que te sujetaba en el valle ahora te levanta en señal de victoria. La misma oración que una vez te cubrió ahora te llama a bailar, en fe, en libertad, en plena entrega.

Así que, al comenzar este nuevo capítulo, recuerda:

La promesa del meñique continúa con el tiempo, y más allá, sigues cubierto de oración.

"Convertiste mi duelo en baile; Me quitaste el saco y me vististe de alegría, para que mi corazón cantara tus alabanzas y no guardara silencio. Señor Dios mío, te alabaré por siempre."— Salmo 30 : 11–12 (NVI)

Así que antes de pasar la página, respira. Este libro no es precipitado; Tú tampoco. Estás entrando en una conversación sagrada entre tu corazón y el corazón de Dios. Deja que las palabras que están por delante te sostengan, te guíen, te estiren y te fortalezcan. Que esta charla sincera te recuerde que nunca estás solo, que tu pulso es conocido, tus pasos están ordenados y tu baile se ve desde el cielo.

En la victoria, con oración y para Su gloria. **Pum... pum...**
Porque el baile continúa... en ti, en mí y en todo el mundo.

Reflexión—Manos abiertas.
Déjalos descansar con suavidad, como si recibieran algo sagrado. Esta es tu invitación a conocer a Dios de corazón a corazón.

Escritura:
Salmo 73:26 — "Dios es la fuerza de mi corazón y mi porción para siempre."

Pum...pum... Tu corazón dice:

- "Señor, encuéntrame en estas páginas..."
- "Ayúdame a oírte en mis lugares tranquilos..."
- "Enseña a mi corazón a descansar, confiar y recibir..."

Escribe tus pensamientos

Capítulo 3: Donde el corazón aprende a bailar

Algunos bailes comienzan con música. Pero este baile, este baile sagrado escrito por Dios, comienza con un latido. La portada de este libro contiene más que color; Lleva revelación. Te invita a sentir el ritmo que Dios puso en ti mucho antes de que entendieras su propósito. Tanto si tu corazón late fuerte, suave, constante, asistido o por milagro médico, sigue latiendo, y ese latido es adoración. Este capítulo te introduce en el significado detrás del arte, porque la danza continúa no solo a tu alrededor... pero **dentro** de ti.

La portada de *Victoriosamente con Oración- El Baile Continua,* transmite un mensaje que va mucho más allá del arte, la tinta y el diseño. Es un símbolo vivo, un latido en movimiento, un testimonio envuelto en color, luz, identidad y alabanza. Cada elemento fue elegido para despertar algo dentro de ti, algo eterno, algo victorioso. En el centro fluye la **línea del latido**, palpitando con fuerza a lo largo de la página. Representa el ritmo universal que Dios puso en cada uno de nosotros, un ritmo que canta:
"Estás vivo. Has sido elegido. Sigues bailando."

Algunos corazones laten de forma natural. Algunos laten con la ayuda de marcapasos. Algunos laten a través de corazones artificiales, máquinas o milagros médicos. Pero cada latido. ya sea suave, fuerte, constante, asistido o mecánico, **sigue siendo un latido permitido, sostenido y apreciado por Dios.**

A través de Su sabiduría divina, dio a médicos, científicos e investigadores el conocimiento para crear máquinas que sostengan la vida, y por eso, **vosotros también**, quienes tenéis corazones artificiales, corazones reparados, corazones apoyados, **tenéis un baile.** Un pum-pum... pum-pum... Un ritmo de propósito. Una danza global de alabanza y adoración las 24 horas del día.

Independientemente de si tu ritmo cardíaco es:

- sentí en tu pecho,
- se escuchó a través de un monitor,
- visto en una pantalla,
- resonó a través de un dispositivo,
- o imaginado en tu espíritu...

Sigue siendo adoración. Sigue siendo un testimonio. Sigue siendo vida en movimiento.

Formas parte de un ritmo mundial de fe, desde camas de hospital y salas de recuperación hasta salones, santuarios, lugares de trabajo y batallas privadas silenciosas. Cada latido se une a la misma sinfonía divina. Por eso el latido cruza la portada, porque nos pertenece a todos. Un recordatorio sagrado de que **sigues aquí**, y porque estás aquí... **Tu baile continúa.**

El **corazón de huella dactilar** simboliza la identidad, tu huella en el mundo, tu propósito dado por Dios, tu herencia, tu legado y el pacto que llevas: la Promesa del Meñique evolucionó ahora en la Promesa del Latido.

La **mariposa** se eleva en movimiento con un resplandor, porque la transformación no es quieta, es en constante movimiento, en constante crecimiento, en constante danza.

La **luz dorada** detrás del corazón representa la gloria, la gloria de Dios cubriéndote, rodeando tu historia e iluminando cada capítulo de tu camino.

El **cielo azul claro** refleja esperanza, claridad y el aliento de Dios, recordándote que tu historia está llevada por el Agua Viva que fortalece, refresca y sostiene.

Esta portada no es decoración. Es una declaración. Declara que *cada lector*, cada oyente, cada superviviente, cada luchador, cada persona de todas las capacidades, los que caminan, los que giran, los que se mueven, los que parpadean, los cuyos cuerpos se mueven libremente y los cuyos cuerpos se mueven en silencio, **todos pertenecen a la misma danza. Todos se ven. Todos son victoriosos. Todos se celebran.**

Cuando mires o visualices, esta portada, deja que tu corazón diga: **"Mi latido es adoración. Mi aliento es testimonio. Mi vida sigue en marcha."** Deja que esta portada te susurre: **"Tu baile no terminó en el valle. Tu elogio no se detuvo en el fuego. Tu propósito sigue latiendo ahora mismo, dentro de ti."**

Mientras sostienes este libro, sea cual sea el formato y con tu propia capacidad, siéntelo:

Pum-pum... Pum-pum... El baile continúa, y tú también.

Reflexión — El ritmo de la vida

Pon la mano sobre el corazón. Siente su ritmo constante. Susurro: "Señor, gracias por este ritmo de vida, de un corazón que aprende a bailar de nuevo."

Escritura: Hechos 17:28
"En Él vivimos, nos movemos y tenemos nuestro ser."

Oración:

Padre,

gracias por apoyarme. Que cada latido me recuerde que no has terminado conmigo. Deja que mi vida avance en armonía con Tu voluntad. Amén.

Pum...pum... Mi corazón dice:

- *"Dios, gracias por..."*
- *"Señor, confío en Ti con..."*
- *"Hoy, elijo la paz en..."*

En la victoria, con oración y para Su gloria. **Pum... pum...** Porque el baile continúa... en ti, en mí y en todo el mundo.

Escribe tus pensamientos

Capítulo 4: El testimonio, la visión: donde el propósito se encuentra con el pulso

El propósito no llega con una trompeta; llega con un susurro. Un pulso. Un despertar divino que le dice a tu espíritu: *"Hay más."*
Este capítulo lleva consigo la fe que moldeó mi visión, el testimonio que despertó mi vocación y el pulso que me recordó que Dios usa corazones ordinarios para contar historias extraordinarias. Cada capítulo de mi vida, y de la tuya, late con intención. Aquí, seguimos el pulso del propósito hasta que se vuelve imposible ignorarlo.

Como ya has leído, y quizá incluso oído, no hablo *religión*. Hablo de relación con el gran *YO SOY... ¡Dios!* Todos venimos de diferentes orígenes y muchos compartimos diferentes creencias. De verdad respeto eso. Mi corazón es simplemente orar por ti, animarte y recordarte que no estás solo. No te rindas. No pierdas la esperanza. Lo más importante es no perder la fe. Hay un poder innegable en la oración, y yo soy un testimonio viviente de esa verdad.

La vida me dio limones, y en vez de amargarme, elegí hacer limonada y compartirla con el mundo. Elijo ver cada situación, circunstancia y obstáculo a través del prisma de la fe. A veces, las bendiciones están ocultas bajo lo que parece caos, desamor o decepción. Pero déjame decirte, Dios tiene un plan perfecto y un calendario perfecto. Cuando nos entregamos a Su voluntad, nos alineamos con Su gracia... y Él nos guía por cada valle.

Cuando terminé mi testimonio en vídeo. en obediencia, no en perfección, Dios abrió puertas que nunca imaginé. Ese vídeo llegó a corazones que ni siquiera sabía que veía. Las semillas de esperanza empezaron a florecer en fe. Las vidas fueron tocadas, fortalecidas, redirigidas. Quienes escucharon el mensaje se convirtieron ellos mismos en portadores de semillas, sembrando ánimo, verdad y esperanza en la vida de los demás. Así es como se multiplica el testimonio. Así es como se extiende el legado.

Dios también abrió un camino para *la inclusión* en esta misión divina. Abrió puertas para que mi libro estuviera disponible para personas ciegas, para personas con dislexia y para personas con discapacidad visual a través de Bookshare. Doné mi libro, no por ánimo de lucro, sino con un propósito. Dios, que ve el corazón, lo bendijo y lo multiplicó. Cuando hacemos nuestra parte, Él se encarga del resto. Esta bendición disfrazada está llegando ahora a lectores y oyentes de todo el mundo, encendiendo el fuego de la unidad y la oración, el fuego que refina, no quema. ¡Estoy celebrando y bailando! ¡Alabado sea Dios! ¡Aleluya! *El baile continúa... A través de mí, a través de mis hijos y a través de ti, mi querido lector y oyente.*

Como nos recuerda la Escritura:

"Confía en el Señor con todo tu corazón y no te apoyes en tu propio entendimiento; en todos vuestros caminos sométete a

Él, y Él enderezará tus caminos."
— *Proverbios 3:5–6 (NVI)*

Esta es la misma confianza que Dios pidió a Moisés y a los israelitas en el desierto. Dios envió maná del cielo e instruyéndoles a tomar solo lo necesario para el día. ¿Por qué? Porque quería que aprendieran a confiar en su provisión diaria, en su momento perfecto, en su mano firme. Ese mismo Dios está con nosotros ahora. Él proveerá. Simplemente tomamos lo necesario, hacemos lo que nos corresponde y vemos cómo Él multiplica el resto.

Al igual que el niño que trajo el pescado y los panes, Dios tomó algo pequeño y creó un milagro que alimentó a una multitud. De la misma manera, Dios te equipará con todas las herramientas, todos los recursos y cada onza de fuerza necesaria para tu llamado divino.

Este tercer libro es más que páginas; es prueba del poder de la oración. Es un recordatorio de que Dios nos ha dado la victoria, ese tipo de victoria que nos hace bailar como David, de alegría y libertad. Esta vez, el baile no es solo mío. Es un baile para mis hijos, para vuestra familia y para las generaciones venideras, para que ellos también puedan ser testigos y experimentar la gracia, fidelidad y amor ilimitado de Dios.

El baile continúa... y también su gloria.

Algunas semillas aún no las veremos, ya que algunas bendiciones tardan días en florecer. Algunas tardan meses, y otras, como las semillas sembradas mediante la obediencia, tardan años. El incendio en la casa de mi hermana dio lugar al audaz salto de fe hacia el bautizo de mi sobrino, su comunidad uniendo fuerzas y recursos de todo el país, el testimonio, la bendición de Bookshare... estas son semillas que Dios plantó en la tierra de nuestras vidas. Algunos ya han roto el cimiento. Otros siguen ocultos, creciendo donde no podemos ver. Algunos no serán visibles hasta el momento designado por Dios, dentro de 3 años, 5 años o incluso 7 años.

El propósito no se encuentra en la perfección; se encuentra en la voluntad. Se encuentra en el sí tranquilo, en el sí tembloroso, en el sí lleno de fe. A medida que avanzas, que prestes atención al pulso divino que llevas dentro, el que te empuja, susurra y te guía hacia las tareas escritas por Dios. El propósito no grita; late, y cuando aprendes a seguir ese ritmo, toda tu vida se convierte en un testimonio en movimiento.

Este próximo capítulo trata sobre aprender a esperar con expectativa, confiando en que Dios está cultivando algo poderoso bajo la superficie. Lo que hemos vivido hasta ahora es solo el principio. Hay más en el baile. Más milagros por venir. Se están desplegando más testimonios.

Pasa la página con fe. Dios no ha terminado.

Reflexión — Un corazón abierto a la sanación

Pon la mano sobre el pecho. Invita a Dios a los lugares que aún tierno, que aún sanan. Esto es Dios diciendo: *Tu vida tiene intención.*

Escritura: Salmo 147:3
Jeremías 29:11 — "Porque sé los planes que tengo para ti..."

Oración:
Padre Celestial, entra en los lugares en mí que aún necesitan Tu toque. Sácame de forma suave y completa. Amén.

Pum...pum... Mi corazón dice:

- *"Dios, sana esta parte de mí..."*
- *"Señor, estoy listo para liberar..."*
- *"Hoy, recibo plenitude en..."*

En la victoria, con oración y para Su gloria. **Pum... pum...** Porque el baile continúa... en ti, en mí y en todo el mundo.

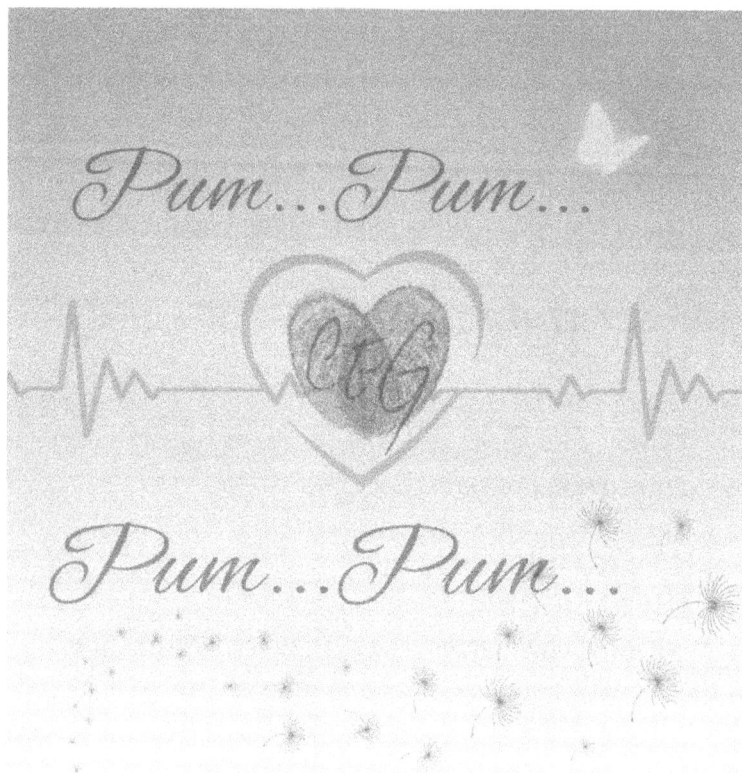

Capítulo 5: Aún en Llegar: La transformación de Dios en la espera

La transformación no es ruidosa. No es algo precipitado. No siempre se ve. La mayoría de las veces, Dios realiza su obra más profunda en la espera, en los lugares tranquilos donde te preguntas si realmente está ocurriendo algo. Pero incluso en silencio, el corazón sigue latiendo, y Dios sigue moldeando. Este capítulo es un testimonio de que convertirse es un proceso, no un momento. Un viaje, no un destino, y aunque aún no puedas verlo, Dios está formando belleza, fuerza y propósito dentro de ti.

Como mencioné antes, ninguno de mis libros, vídeos o proyectos de audio fueron creados por profesionales. Fueron creados por mí, pero en realidad, fueron creados por Dios en mí.

Fortaleció mi mente. Él guiaba mis pasos. Me dio la capacidad de autopublicar todos y cada uno de los formatos. Cada vez que oraba por un siguiente paso, Él respondía, más allá de lo que yo le preguntaba. Me derramó el conocimiento, la sabiduría, el valor y la habilidad que necesitaba para completar cada tarea divina que me encomendaba. Pero incluso después de hacer el trabajo, hubo un momento en el que me encontré esperando, esa pausa silenciosa entre la obediencia y el resultado. Ese espacio donde te preguntas, "Señor... ¿He subido esto correctamente? ¿He hecho mi parte? ¿Llegará esto a quien necesita alcanzar?"

Fue en ese sincero y vulnerable asombro donde Dios me encontró. Mientras oraba y elegía una vez más devolverle todo, para no dejar que el miedo o la incertidumbre se colaran, respiré hondo, y en esa respiración, esto fue lo que sentí que Él susurraba a mi espíritu:

"Cynthia... Eso es pura fe, pura obediencia y pura paz. Ya has hecho la parte que te pedí. Publicaste tu testimonio. Abriste las manos. Compartiste tu corazón. Tú plantaste las semillas. Ahora puedes descansar en la promesa:
'Uno planta, otro riega, pero Dios da el aumento.'
— 1 Corintios 3:7
Tu vídeo, tus palabras, tus libros, ya están en marcha. Aunque la gente no envíe correos electrónicos. Aunque no comenten. Aunque nunca pulsen 'me gusta'. Aunque simplemente se desplacen en silencio... Tu voz llega a lugares que no puedes ver. Tu testimonio entra en hogares, rutinas, enfermedades, esperanza y desamor. Me muevo de formas que no siempre aparecen en una pantalla. No publicaste para ser popular; Publicaste con propósito. El propósito siempre produce fruto... a veces en silencio... pero siempre con fielidad. Traeré a las personas adecuadas, en el momento adecuado, con los corazones adecuados. No estás esperando sola. Estás esperando conmigo, y eso lo cambia todo."

Esa respuesta me sacó una sonrisa y una calma en el corazón. En mi espíritu, me vi sentada junto a Dios, lado a lado, sin prisa, sin esforzarme, solo descansando, y Él me sonreía con tanto orgullo y ternura, porque Él sabe:

Confiaba en Él. Obedecía cuando me estiraba. Compartí mi historia incluso cuando me costó algo. Caminé por el valle y aún así elegí la fe. Publiqué mi testimonio no para llamar la atención, sino en obediencia a un propósito, y entonces, llegó otro susurro:

"Sigo sentado a tu lado... admirando el valor de Mi hija, la que dijo que sí, la que caminó por el fuego, la que sembró semillas que solo el Cielo puede medir. Ningún algoritmo puede definir el impacto que vas a causar.
Ningún 'me gusta' puede medir las almas que alcanzarás. Esa sonrisa que viste... eso era yo diciendo: 'Hija, me alegro. Hiciste exactamente lo que te pedí. Ahora... mira lo que haré.' Respira hondo. Quédate sentada a mi lado. Deja que Mi alegría te cubra. Ya trabajo entre bastidores, en corazones, en casas, en familias, en momentos tranquilos donde tus palabras resonarán una y otra vez."

Así que esperé, no con las manos vacías, no sola, sino con Dios a mi lado. Tomé cada día y saqué lo mejor de él, incluso cuando algunos días parecían más grises que soleados. Sin embargo, permanecí sentada en ese lugar sagrado de quietud, dejando que Dios continuara su obra en mí, porque incluso en la espera, seguía transformándome, fortaleciéndome, moldeándome, preparándome para el aumento que solo Él podía traer.

Así que si te encuentras esperando, convirtiéndote, creciendo en lugares invisibles, ánimo. Dios realiza su mejor artesanía en estaciones sin protagonismo. Incluso ahora, Él te está moldeando de formas que te sorprenderán más adelante. Convertirse es sagrado. Convertirse es hermoso, y convertirse es la prueba de que Dios nunca deja de escribir tu historia, incluso en la tranquilidad.
Dios es bueno — siempre. Hoy, todavía me sonríe a mí y a ti...

Reflexión — Fuerza en la espera

Quédate quieto un momento. Imagina a Dios a tu lado esperando.

Las Escrituras dice:

Isaías 30:18
"El Señor desea ser misericordioso contigo... Se levanta para mostrarte compasión."

Oración:
Señor, recuérdame que esperar no es desperdiciar.
Fortaléceme mientras te espero. Amén.

Pum...Pum... Mi corazón dice:

- *"Dios, esperaré a..."*
- *"Señor, encuéntrame en esta espera..."*
- *"Hoy, confío en tu momento en..."*

En la victoria, con oración y para Su gloria. **Pum... pum...**
Porque el baile continúa... en ti, en mí y en todo el mundo.

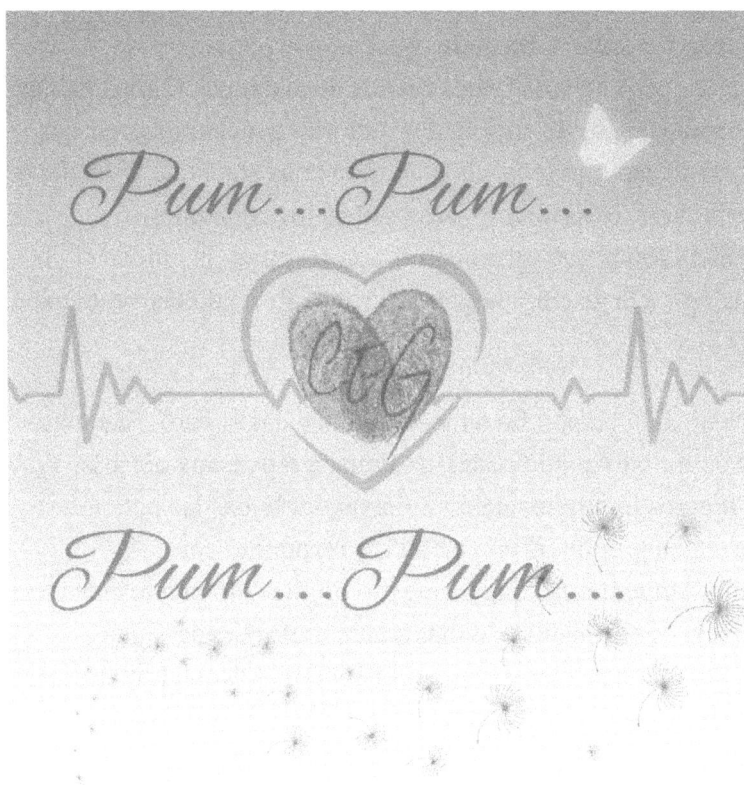

Algunos momentos no están planeados; están orquestados por el Cielo. Ese día, cuando abrí la boca para hablar, no fui yo, fue el Espíritu. Era el Cielo derramándose a través de un corazón rendido. A menudo escuchamos peticiones de oración, pero no suficientes relatos de alabanza. Oímos hablar de batallas, pero no suficientes victorias proclamadas en voz alta. Este capítulo te invita a un momento en el que Dios llenó el santuario, revivió la fe y reescribió los corazones, recordándonos que los milagros aún respiran, la unidad sigue llamando a la gloria y la gratitud sigue abriendo las ventanas del Cielo.

Dios no solo respondió a mis oraciones, las superó. Fue más allá de todo lo que le pedía, imaginaba o pensaba posible. Vio los lugares tranquilos de mi corazón, incluidas las peticiones que nunca pronuncié en voz alta, y respondió con desbordamiento. Lo que Él me dio no fue solo una respuesta... Fue una confirmación divina, gracia multiplicada y una bendición mucho mayor que mi petición. Así que hoy declaro con valentía:

"Con Dios, todo es posible." (Mateo 19:26)

"Entrad en sus puertas con acción de gracias y en sus cortes con alabanza; dale gracias y bendice su nombre."
— Salmo 100:4

Con esa verdad sellada en mi espíritu, avancé no con miedo ni incertidumbre, sino con acción de gracias. La gratitud se ha convertido tanto en mi armadura como en mi ofrenda, la melodía que me llevó por el valle y ahora me conduce hacia el propósito y el testimonio.

Me invitaron a visitar una iglesia hermana, una congregación que se puso en el hueco y oró por mí. Al igual que en Nueva York, sentí la santa responsabilidad de expresar públicamente mi gratitud y dar testimonio de lo que Dios ha hecho, porque el silencio roba la gloria que le pertenece. Cuando Dios asigna intercesores, incluso desde lejos, la gratitud se convierte en obediencia y el testimonio en adoración.

Ese día, nada estaba guionizado, era guiado por el Espíritu. Cuando abrí la boca, el cielo llenó la habitación. Me di cuenta de algo profundo: escuchamos muchas *peticiones de oración*, pero no suficientes *relatos de alabanza*. Oímos hablar de *batallas*, pero no suficientes *victorias pronunciadas en voz alta*. Oímos hablar de *tormentas*, pero no se proclaman suficientes *arcoíris*.

En ese santuario, la fe surgió, la esperanza despertó y la alegría se reavivó. No fui a recibir, pero me fui desbordada. Mi copa estaba llena, y sé que la de ellos también, llena de paz, unidad, expectativa y renovada fe en que Dios aún realiza milagros. La oración funciona. La unidad invita a la gloria, y la gratitud mantiene abiertas las ventanas del Cielo.

Este viaje es más que supervivencia, es asignación, misión y legado. El propósito de mi bendición disfrazada es prosperar más allá del valle mientras ayudo a otros a levantarse, sanar y bailar hacia su propia victoria. Debo ser clara: esto nunca se hizo para obtener riqueza, reconocimiento o estatus, sino para ganar almas para el Reino de Dios, para empoderar a los cansados, inspirar a los desanimados y extender la mano que una vez me sostuvo a mí. Si Dios me llevó, estoy decidida a cargar a otros. Si Él me levantó, debo levantar a otros. Superamos *juntos*.

Estoy llamada, no por el hombre, sino por Dios. *Respondo: "Aquí estoy, Señor."*

Soy elegida, no porque sea perfecta, sino porque Él es fiel. *Respondo: "Úsame, Señor."*

No me han enviado para construir mi nombre, sino para expandir Su Reino. *Respondo: "Solo por tu gloria."*

Cada valle se convierte en testimonio. Cada cicatriz se convierte en prueba. Cada aliento se convierte en adoración. *Respondo:*

"Hágase tu voluntad."

Al salir de la iglesia ese día, después de presentarme ante la congregación para dar mi reporte de alabanza, sentí que algo cambiaba dentro de mí. Hay un tipo único de sanación que ocurre cuando no solo ponemos nuestras peticiones ante Dios, sino que cuando volvemos para darle gracias públicamente. El testimonio cierra el círculo. La petición trae la necesidad; La alabanza revela el milagro, y ambos son igualmente santos.

Compartir lo que Dios ha hecho no es solo una tradición, es obediencia. Es adoración. Es nuestra manera de decir,

"Señor, te vi. Te reconozco y no guardaré silencio sobre Tu bondad."

Pero lo que no me di cuenta hasta ese momento fue que la gratitud no empieza ni termina en el altar. Comienza en el corazón; continúa en nuestros hogares; Respira a través de nuestras palabras, nuestras acciones, nuestras decisiones y nuestro paseo diario.

De pie allí, rodeada de las oraciones que una vez me llevaron y de la familia de la iglesia que intercedió por mí, entendí algo más profundo: **la gratitud no es un evento que visitemos. Es un estilo de vida que llevamos.**

Mientras este capítulo se asienta en tu espíritu, recuerda esto: los testimonios encienden la fe y la alabanza lleva poder. El cielo se mueve cuando hablamos de lo que Dios ha hecho. Que tu vida siga proclamando las victorias que Dios ya ha escrito, tanto visibles como invisibles, dichas y no dichas. Que cada habitación a la que entres esté llena de la misma gloria espontánea que una vez llenó ese santuario, recordándote... **Superamos juntos.**

Esa realización preparó mi corazón para el siguiente capítulo de este viaje, un capítulo no solo sobre una temporada de gratitud, sino sobre cultivar un **espíritu de acción de gracias** que dura todo el año.

Reflexión — Un momento de abundancia

Levanta un poco la barbilla. Como si mirara hacia el Cielo. La victoria surge cuando la alabanza se eleva. **Mira a tu alrededor.**
Nombra una bendición en la sala, grande o pequeña.

Escritura: Salmo 23:5
"Mi copa desborda."

Oración:
Gracias, Señor, por tu abundancia. Ayúdame a ver bendiciones que a menudo paso por alto. Amén.

Pum...pum... Mi corazón dice:

- *"Dios, estoy agradecido por..."*
- *"Señor, me has bendecido con..."*
- *"Hoy, reconozco la abundancia en..."*

Escribe tus pensamientos

61

Una oración de gratitud y desbordamiento

Padre celestial,

gracias por tu presencia que nunca se va, tu poder que sostiene
y tu amor que sana los lugares más profundos. Gracias por ir
mucho más allá de mis peticiones, más allá de mi comprensión
y más allá de lo que me atrevía a imaginar.

Gracias por cada persona que oro, intercedió, susurró mi
nombre ante Tu trono y permaneció en fe cuando no me
quedaba fuerzas. Bendígalos, Señor, multiplica su alegría,
profundiza su fe y sorpréndelos con milagros.

Enséñanos a celebrar las oraciones respondidas con la misma
valentía con la que presentamos nuevas peticiones. Que
nuestras vidas nunca carezcan de acción de gracias, obediencia
o testimonio. Que la unidad siga siendo nuestra arma, la fe
nuestra ancla y alabe nuestro estilo de vida.

Que nuestras vidas declaren para siempre:
La oración funciona. Dios es fiel, y con Dios, todo es posible.
En el poderoso y victorioso nombre de Jesús, Amén.

En la victoria, con oración y para Su gloria. **Pum...pum...**
Porque el baile continúa... en ti, en mí y en todo el mundo

Capítulo 7: Cuando el hogar se convierte en un altar

Una casa se convierte en un hogar cuando el amor la llena. Pero un hogar se convierte en altar cuando **Dios** es invitado a sentarse a la mesa. Este año, organizar el Día de Acción de Gracias fue más que tradición, fue adoración. La gratitud se derramaba en cada rincón, y una simple comida se convertía en un testimonio en marcha. Este capítulo nos recuerda que la hospitalidad es sagrada, la gratitud es un estilo de vida y que cada puerta abierta es una oportunidad para reflejar el corazón de Dios. Cuando el hogar se convierte en altar, la alegría se convierte en fragancia y el amor en la danza.

Hoy, me detengo con el corazón agradecida. Estoy agradecida y profundamente honrado de que Dios me haya elegido y de que pueda elegirle libremente de vuelta. Su bondad me ha llevado en la lucha y en la victoria, en los momentos tranquilos y en los alegres. Dios es bueno.

Este año, Dios me ha bendecido con la oportunidad de abrir mi casa y organizar el Día de Acción de Gracias. Es más que una reunión; Es un altar de gratitud. oro, declaro, proclamo y creo que siempre hay un asiento en mi mesa para Dios... y que cada año después de este, mi mesa crecerá, no por números, sino para honrar y glorificar a Jesús.

Pero la gratitud no es estacional. La hospitalidad no debería florecer solo durante las fiestas. Cada día es una oportunidad para abrir nuestras puertas, nuestras manos y nuestros corazones. Hay personas a nuestro alrededor que quizá no necesiten comida en un plato, sino alimento para el alma, esperanza, gracia, compasión y el recordatorio de que Dios aún los ve.

Esto también forma parte de *bailar como David*. Es el ritmo de la gratitud, el movimiento de la obediencia, la melodía de la alegría que desborda hasta tocar a los demás. Invitamos a la gente a unirse a nuestro baile y, a cambio, Dios nos permite adentrarnos en el baile de otra persona, su testimonio, su sanación, su avance. Dios es Dios, ayer, hoy y mañana, y Su presencia recorre cada momento compartido.

Jesús nos enseñó este tipo de amor abierto:
"Porque tenía hambre y me diste algo de comer..." (Mateo
25:35)

Puede que nunca sepamos cuándo hay un ángel entre nosotros, pero siempre podemos elegir ser una flor de esperanza para quien la necesita. Un solo acto de bondad puede convertirse en un jardín de gracia.

Este Día de Acción de Gracias, no solo doy gracias, doy a Dios espacio para moverse, y mientras tenga aliento, que mi vida siga reflejando gratitud, generosidad y un corazón que baile ante el Señor, sin vergüenza y lleno de alabanza. Pum... pum...

A medida que la temporada de Acción de Gracias se instalaba en mi hogar y en mi corazón, me encontré reflexionando no solo sobre la alegría de ser anfitriona, sino también sobre el significado más profundo de la gratitud en sí. La gratitud no es solo una fiesta, es una postura, una forma de respirar, una entrega diaria que nos abre los ojos a las bendiciones ocultas a plena vista. Cuanto más le daba gracias a Dios por lo que había hecho, más me daba cuenta de cuántos de sus mayores dones habían llegado primero como **bendiciones disfrazadas**, envueltas en valles, envueltas en pruebas, envueltas en lágrimas que luego regaron la tierra de mi propósito, y justo cuando pensaba que la gratitud había terminado su lección, Dios reveló otra capa: La gratitud no solo **fluye de mí** hacia Él, a veces **vuelve a mí** a través de las voces de los demás, porque a medida que avanzaba el año, las mismas personas que leyeron mi libro o vieron mi testimonio empezaron a devolverme la vida. Sus palabras se convirtieron en confirmación. Su gratitud se convirtió en espejos de la gloria de Dios. Sus mensajes me recordaron que mi obediencia nunca fue en vano, que Dios estaba usando cada parte de mi camino como una bendición para otra persona.

Ahí fue cuando lo entendí:
El Día de Acción de Gracias nunca termina.
La gratitud continúa.
Los testimonios son simplemente la forma amable de Dios de decir:
"Mira... por eso te elegí a ti."

Al cerrar este capítulo, que tu hogar, sin importar su tamaño, estilo o espacio, se convierta en un santuario de gratitud y gracia. Que tu mesa se convierta en un lugar donde el cielo se encuentre con la tierra, donde se compartan historias y donde crezca la fe en los momentos sencillos. La hospitalidad es adoración, y la gratitud es un ritmo diario. Deja que tu hogar siga reflejando la presencia de Dios, recordándote que cada puerta abierta puede conducir a un milagro.

Reflexión — La danza de la alegría

Sonríe intencionadamente. Deja que la alegría crezca, aunque sea suavemente.

Escritura: Nehemías 8:10
"La alegría del Señor es tu fortaleza."

Oración:
Señor, pon tu alegría en mi corazón. Que me fortalezca y desborde de mí. Josué 24:15 — "En cuanto a mí y a mi casa, serviremos al Señor." *Amén.*

Pum...pum... Mi corazón dice:

- *"Dios, gracias por la alegría en..."*
- "Haz de mi mesa un lugar de culto..." *"Hoy, mi corazón sonríe porque..."*

En la victoria, con oración y para Su gloria. **Pum...pum...** Porque el baile continúa... en ti, en mí y en todo el mundo

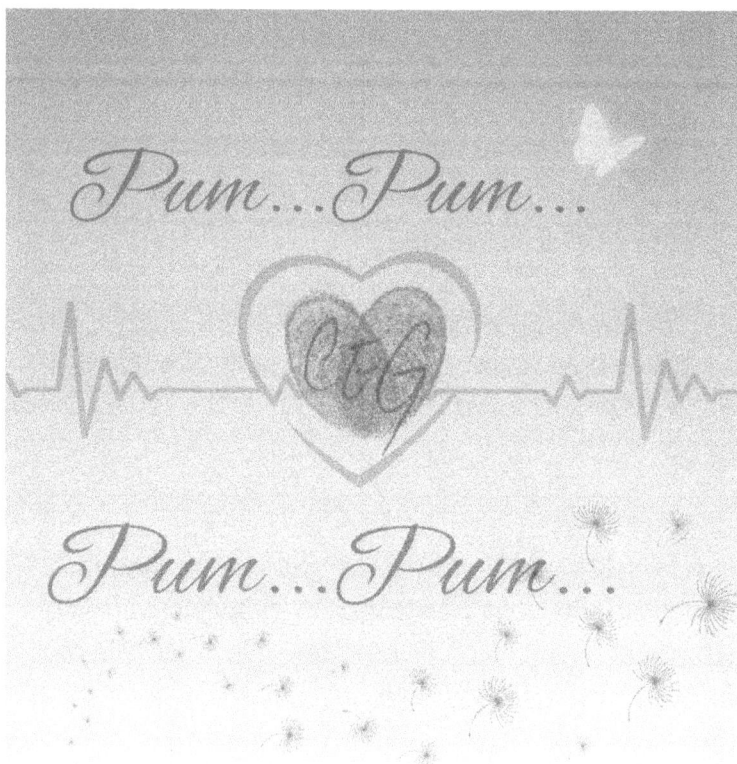

Capítulo 8: Cuando sus palabras se convirtieron en mi confirmación

A veces Dios envía confirmación por la boca de otros, una frase, un susurro, un testimonio que golpea tu espíritu como un rayo. Este capítulo contiene los momentos en que Dios usó personas, conversaciones y voces inesperadas para recordarme que iba por el buen camino. Sus palabras se convirtieron en ancla. Sus historias se convirtieron en señales. Su ánimo se convirtió en viento en mis velas. Aquí verás cómo Dios utiliza la comunidad para confirmar el llamado y validar el propósito.

Hay momentos en una vocación en los que Dios permite que el eco de tu obediencia regrese a ti, no como aplausos, sino como confirmación. No como elogios, sino como fruto vivo. En esta etapa de mi viaje, los testimonios y mensajes de lectores y espectadores se han convertido en uno de los regalos más humildes que Dios ha puesto jamás en mis manos.

Nunca escribí para ser reconocido. Nunca grabé para validación. Simplemente obedecí.

Pero la obediencia tiene un sonido, y a veces, ese sonido vuelve en las voces de quienes Dios toca la vida a través de tu "sí".

Palabras que se convirtieron en reflejos de la gloria de Dios, mientras los lectores se acercaban y decían:

"Cynthia, las palabras saltan directamente de las páginas..." Me recordó que la Palabra de Dios, Su aliento viviente, puede hacer que cualquier cosa cobre vida, incluso frases simples escritas desde un corazón entregado.

"Cynthia, puedo oír perfectamente tu voz mientras leo esto..."
Eso significaba que el testimonio era verdadero, auténtico, sin filtros. Llevaba la misma unción por escrito que cuando se pronunciaba.

"Tomé notas... Resalté secciones... estas páginas me inspiraron, me conmovieron y me hablaron directamente..."
Me recordó que el Espíritu Santo es el mejor resaltador. Sabía qué líneas debían tocar qué corazones.

Luego, sobre los testimonios en vídeo:

"Gracias por abrir un momento tan sagrado y privado y hacerlo público..."
"Me recordaste que no perdiera la esperanza... mi fe se siente renovada..."
"Puedo decir que abriste tu corazón. Sé que Dios habla a través de ti."

Algunos no ofrecieron ninguna palabra. Solo una sonrisa... ojos brillando... un suspiro suave lleno de alivio, esperanza y amor.

Esas respuestas silenciosas hablaban tan alto como los mensajes que me escribían.

Es abrumador, en el mejor sentido, presenciar a Dios tomando una pequeña semilla de obediencia y regándola en el corazón de los demás.

Una cosecha que nunca podría haber imaginado, hay suficientes mensajes, historias y testimonios como para llenar un libro entero por sí solos, y sin embargo, cada vez que alguien dice:

"Gracias."
Susurro de vuelta en mi espíritu:

"Gracias, Dios."

¿Por qué? porque solo soy el recipiente. Una recipiente que dijo que sí. Una recipiente que sigue diciendo que sí. Una recipiente que sabe que el aceite solo fluye cuando hay obediencia.

No mi voluntad, Señor, sino la Tuya.

Cada mensaje, cada testimonio, cada confirmación me recuerda que el propósito es mayor que el proceso, y la misión es mayor que el sacrificio.

Tocó vidas. Sanaba corazones. Eso refrescó la fe. Inspiraba esperanza. Despertó la oración.

Eso por sí solo ya hace que cada valle merezca la pena. Cada lágrima merece la pena. Cada paso merece la pena.

Esta es la danza,
una danza de gratitud. En el valle. En la cima de la montaña,
y en todas partes intermedias. **Dios es bueno—Siempre.**

Tal como dice la escritura:

*"Que brille tu luz ante los demás, para que vean tus buenas
obras y glorifiquen a tu Padre que estás en los cielos."*
— **Mateo 5:16 (NVI)**

*"Y todo lo que hagáis, ya sea en palabra o en obra, hacedlo
todo en el nombre del Señor Jesús, dando gracias a Dios
Padre por medio de Él."*
— **Colosenses 3:17 (NVI)**

*"Sois mis testigos", declara el Señor, "y Mi siervo a quien he
elegido..."*
— **Isaías 43:10 (NVI)**

Pero quizá algunos de los testimonios más inesperados
llegaron de formas que nunca imaginé a lo largo del propio
viaje que una vez me llevó a caer de rodillas. Recuerdo el día
que miré a mi médico y le dije con total seguridad:

**"Alguien va a pasar por esto, y yo tengo que hacerlo para
poder ayudarle. ¿Qué mejor manera de ayudar de verdad
que entenderlo yo misma, para saber qué decir, qué hacer
y cómo caminar con ellos?"**

En ese momento, creía *que* necesitaba experimentarlo para poder ayudar a los demás. Pero ahora, de pie al otro lado con claridad en mi espíritu, me doy cuenta de algo más profundo:

Nunca me necesitaron realmente. Necesitaban a **Dios**.

Dios habló a través de mí. Dios consoló a través de mí. Dios animó a través de mí. Dios derramó fuerza, sabiduría y amor **a través** de un recipiente que simplemente decía: "Sí, Señor, y ahora entiendo por qué.

Porque hoy, me hacen preguntas que nunca esperaba:

"Cynthia, mi amiga va a empezar la quimio... ¿en qué puedo ayudarla?"
"¿Qué puedo comprar para alguien que está a punto de entrar en cirugía?"
"Cynthia, ¿estarías dispuesta a animar a mi prima, mi hermana, mi compañera de trabajo...?"

Cada vez que alguien pregunta, me recuerda:

Esto nunca fue por mi sufrimiento. Esto era sobre mi asignación. Nunca se trató de mi fuerza. Era la fuerza de Dios fluyendo a través de mí. Así que no me atribuyo ningún mérito, ni una onza. No puedo. No lo haré.

Todo lo que sé es esto: El amor que Dios derramó en mí... El valor con el que me vistió...
La paz que me envolvió... La sabiduría que me susurró...

Ahora lo doy libremente, con alegría, con cariño.

No *reregalear*, sino **desbordar** lo que Dios dio en abundancia.

De la misma manera que caía maná del cielo, justo lo suficiente para cada día, Dios me dio exactamente lo que necesitaba para mi valle, y ahora usa esa misma porción para nutrir a otros en el suyo. Por eso he contactado con líderes de mis grupos de apoyo... a mi equipo médico... a la comunidad que me rodea... porque hay una necesidad que es más grande que la sola medicina, una necesidad de **apoyo basado en la fe**, de fortaleza llena de oración, de ánimo anclado en las promesas de Dios, y estoy preparada. Lista para ponerme en el hueco. Lista para servir. Lista para hablar de la vida. Lista para formar parte de un grupo de apoyo basado en la fe donde Dios es bienvenido, honrado y glorificado, porque con Dios todo es posible y, en verdad, **Dios obra de maneras misteriosas, intencionadas y hermosas.**

Él va antes que nosotros. Prepara el camino. Nos equipa mucho antes de que entendamos por qué.

Nos da favor... y luego nos enseña qué hacer con ello, y ahora, estoy asombrada porque puedo ver el círculo completo: lo que el enemigo quiso hacer daño, Dios lo convirtió en ministerio. Con propósito. Hacia la compasión. A una llamada más fuerte que el miedo mismo, y esto también forma parte del baile. Una danza de obediencia. Una danza de gratitud. Una danza de propósito. Una danza de sanación, para mí y para los demás.

"Alabado sea Dios... que nos consuela en todas nuestras penurias, para que podamos consolar a los que están en cualquier dificultad con el consuelo que nosotros mismos recibimos de Dios."— **2 Corintios 1:3–4 (NVI)**

"El Señor va delante de vosotros y estará con vosotros; Nunca te dejará ni te abandonará." — **Deuteronomio 31:8 (NVI)**

Cuando Dios habla a través de los demás, no solo confirma la dirección, está confirmando la identidad. Que cada afirmación, cada testimonio, cada palabra guiada por el Espíritu continúe moldeándote en valentía y obediencia. Mientras avanzas, que sigas siendo sensible a las confirmaciones de Dios, tanto en voz alta como en voz baja, sabiendo que Él guía tus pasos y envía las voces adecuadas en el momento adecuado.

Reflexión — Un paso hacia la obediencia

Da un paso adelante. (físicamente o en tu capacidad)
Un gesto profético de moverse con Dios.

Escritura: Salmo 119:105
"Tu palabra es una lámpara para mis pies."

Oración:
*Señor, guía mi siguiente paso. Alinea mi caminar con el tuyo.
Amén.*

Pum...pum... Mi corazón dice:

- *"Dios, llévame a..."*
- *"Señor, daré el paso hacia..."*
- *"Dios, ayúdame a reconocer tu voz..."*

Escribe tus pensamientos

Oración de gratitud

Padre Celestial,
gracias por convertir mi valle en un recipiente.
Gracias por permitir que mi historia se convierta en consuelo
para los demás,
no por mi fuerza sino solo por la Tuya.
Gracias a cada persona que me envíes,
a quienes necesitan ánimo, esperanza, oración o simplemente
alguien que entiende.
Dotadme cada día de Vuestra sabiduría, compasión y gracia.
Que cada palabra que diga sea Tu voz.
Deja que cada acto de amor refleje tu corazón.
Que el desbordamiento de lo que vertiste en mí siga tocando
cada vida que me pones delante.
A ti será todo el honor, toda la gloria y toda la alabanza.
En el poderoso nombre de Jesús,

Amén.

En la victoria, con oración y para Su gloria. **Pum...pum...**
Porque el baile continúa... en ti, en mí y en todo el mundo.

El poder de la oración está tejido a través de mi historia, mi sanación, mi identidad y mi legado. Es el hilo que une a las generaciones y el viento que mantiene viva la danza. Este capítulo celebra las oraciones que me llevaron, a los intercesores que me apoyaron y el legado que sigue extendiéndose, un latido a la vez.

Antes de cada victoria, hay una oración. Antes de cada celebración, hay un grito del corazón que Dios convierte en testimonio. Este capítulo es la puerta de entrada a los milagros que aún se están desarrollando... incluyendo la que leerás a continuación.

Hay poder en la oración. No es poder simbólico. No el poder poético. **Un poder real, que cambia la vida y que mueve montañas.**

Lo repito: **la oración es poderosa**.

La oración no es un ritual, es un salvavidas. Es la rendición silenciosa que dice: *"Dios, confío en Ti."* Es el grito susurrado que llega al Cielo antes de salir de nuestros labios. Es la danza entre nuestra necesidad humana y la respuesta divina de Dios.

A lo largo de las Escrituras, mujeres y hombres oraban y Dios respondía. No siempre de forma instantánea. No siempre como esperaban. Pero *siempre* con propósito, y *siempre* con victoria.

Estas historias nos recuerdan que **la oración no caduca, no se debilita ni envejece.** El mismo Dios que los escuchó nos escucha a nosotros. El mismo Dios que se movía entonces se está moviendo ahora. El mismo Dios que dio a luz entonces está dando a luz hoy.

Mujeres Orantes del Antiguo Testamento

Hannah, Una oración en un dolor profundo estéril. Acongojado. Incomprendido. Sin embargo, ella derramó su alma, y Dios le dio a Samuel, el profeta que cambió una nación.
"Por este niño recé..." — 1 Samuel 1:27

Esther, una oración que requería coraje, valentia. Una reina con rodillas temblorosas pero una fe firme. Su oración le dio poder para plantarse ante un rey y salvar a su pueblo.
"Para un momento como este." — Ester 4:14

Deborah, Una oración por la victoria Un juez. Un profeta. Un guerrero. Oró por la estrategia de Dios y le vio liberar a Israel.
"Marcha, alma mía; ¡Sé fuerte!" — *Jueces 5:21*

Sarah, Una oración en los años de espera de retraso. Años de confusión. Sin embargo, Dios cumplió su promesa con Isaac, prueba de que ninguna temporada es demasiado tarde.
"¿Es algo demasiado difícil para el Señor?" — *Génesis 18:14*

Abigail, una oración por protección. Su sabiduría y oración evitaron el derramamiento de sangre y salvaron a toda su casa.
"Bendito sea tu discernimiento." — *1 Samuel 25:33*

La mujer con el tema de la sangre, una oración de fe Un toque. Un acto de valentía. Jesús la llamó "hija" y la sanó. **"Tu fe te ha hecho bien."** — *Marcos 5:34*

La mujer cananea, una oración que se negaba a rendirse. Su persistencia liberó el milagro de su hija. **"¡Mujer, tienes mucha fe!"** — *Mateo 15:28*

María, Madre de Jesús. Una oración de rendición. Su respuesta cambió la historia: **"Que sea para mí según tu palabra."** — *Lucas 1:38*

Anna, una oración que perduró. Décadas de ayuno, adoración y oración... y vivió para ver al Mesías con sus propios ojos. **"Nunca salió del templo, orando día y noche."** — *Lucas 2:37*

Un hombre cuya oración sacudió la tierra. Josué, Una oración por lo imposible Pidió a Dios que hiciera que el sol se detuviera, y Dios lo hizo. **"El sol se detuvo en medio del cielo."** — *Josué 10:13*

Un solo Dios. Una historia. Una fe que sigue danzando. Las oraciones de la Biblia no son historias antiguas... son testimonios de *quién sigue siendo Dios.*

Su danza de fe se convierte en nuestra danza. Su valor se convierte en nuestra herencia. Su audacia se convierte en nuestro recordatorio de que la oración no es impotente, es **victoriosa**, porque

*Dios es **el mismo ayer, hoy y para siempre** (Hebreos 13:8).*

Respondió entonces. Responde ahora. Responderá durante generaciones venideras.

El baile continúa...
Y también lo hace el poder de la oración.

Al cerrar suavemente este capítulo, que nunca subestimes el poder de un corazón que ora. Las oraciones no caducan; Resuenan a través de generaciones. Sobreviven a las estaciones, tormentas y dificultades. Llevan la victoria a lugares donde quizá nunca caminemos nosotros mismos. Deja que tu propio legado de oración siga bailando mucho después de que tus palabras se desvanezcan, porque cada oración pasa a formar parte de la historia del Cielo a lo largo de tu vida.

Al pasar la página, entrarás en un vistazo a lo que sucede cuando años de oración, entrega, fe y obediencia chocan con el momento perfecto de Dios. La celebración que estás a punto de leer es más que un *momento futuro;* es la cosecha de todas las oraciones que se han susurrado.

Una oración

Padre celestial,
**gracias por el legado de fe tejido a través de las Escrituras.
Gracias porque cada historia de oración respondida
nos recuerda que eres fiel, presente e inmutable.**

Danos la audacia de Débora, el valor de Ester, la
perseverancia de Ana, la confianza de Sara, el discernimiento
de Abigail, la fe de la mujer que tocó tu vestimenta, la
persistencia de la madre cananea, la entrega de María, la
perseverancia de Ana y la confianza de Josué.

Enséñanos a orar con expectativa, a esperar con esperanza, a
movernos con fe y a vivir en la victoria.

Que nuestras vidas sean un testimonio de que la oración es
poderosa y Dios es fiel.

En el poderoso nombre de Jesús,

Amén.

En la victoria, con oración y para Su gloria. **Pum...pum...**
Porque el baile continúa... en ti, en mí y en todo el mundo.

REFLEXIÓN — *Oración que Mueve Montañas*

Junta las manos suavemente,
como si acunaras tu propia oración.
Siente el calor.
Siente la cercanía.
Siente a Dios sosteniéndote como tú le sostienes a él.

Escritura

"La oración de una persona justa es poderosa y eficaz."
— *Santiago 5:16*

Oración

Padre, fortalece mi fe. Enséñame a orar sin miedo, sin dudas y sin vacilación. Que cada oración que eleve se eleve con confianza y llegue a la victoria. Amén.

Pum...pum... Mi corazón dice:

"Señor, profundiza mi vida de oración..."

"Que mis oraciones toquen generaciones..."

"Enseña a mi espíritu a interceder con valentía..."

Capítulo 10: El pulso de la victoria: El sábado profético

Hay una promesa en mi espíritu, un sábado marcado por Dios, sellado con la victoria y esperando el momento que le corresponde. Este capítulo es una declaración anticipada, un susurro profético que dice a mi corazón: *"Bailarás de nuevo ese día, más fuerte que antes, con un testimonio que solo el Cielo podría escribir."* Aquí, siembra la promesa. Yo pronuncio la profecía. Declaro el pulso de una futura victoria que ya está latiendo en manos de Dios.

En lo que estás a punto de entrar no es imaginación, es expectativa. Un susurro sagrado de lo que Dios está moldeando tras bambalinas, tejido con cada oración, cada lágrima, cada rendición, cada pum...pum... de fe.

Miré hacia adelante por curiosidad... Y ahí estaba.

2030. Siete años después. Un sábado.

El mismo día de la semana que mi cirugía de primer año, mi aniversario, también es sábado. Lo sentí en mi espíritu de inmediato. Un susurro, suave pero seguro, me atravesó:

"Oh, Cynthia... Soy yo. Esta es mi alineación. Mi firma. Mi promesa."

Me recorrieron escalofríos, de esos santos. Siete... El número de Dios de plenitud divina, plenitud y pacto, y el sábado... el día que Dios mismo apartó para descansar, reflexionar, alegría y mirar atrás a todo lo que hizo y llamarlo *bueno*. No es casualidad. Solo confirmación.

Mi primer aniversario fue Acción de Gracias, un suspiro de alivio, un aleluya susurrado a través de la sanación. Celebré ese primer aniversario con mis hijos, mi familia y mis Guerreros de Oración. Mi séptimo será la culminación y la alegría, la danza completa de la victoria. El momento en el que mi historia, mi fe y mi legado de promesa en el meñique convergen.

Lo proclamo. Lo declaro. Lo creo. Lo recibo.

Un vistazo a un futuro que Dios ya ha visto...

Me imagino... y oro...

"Siete años después, en otro sábado, estaba en la misma luz, sanado, entera y aún bailando. El día de descanso se había convertido en un día de alegría. Lo que empezó como supervivencia se convirtió en celebración. La promesa del meñique continúa... y también su fidelidad."

Cada año anterior era la victoria. Cada año después será alabanza, y Dios, que conoce los deseos de mi corazón, superará incluso las cosas que me atrevo a imaginar.

La escena, entra en la habitación conmigo...

La luz de la mañana me resultaba familiar. Cálido. Amable. Lleno de promesas, como si Dios hubiera besado el cielo antes de que abriera yo los ojos. Habían pasado siete años desde la cirugía que lo cambió todo... Sin embargo, mientras estaba en esa puerta, sentí como si el tiempo se plegara sobre sí misma. El mismo sol que se alzó sobre mi valle ahora brillaba sobre mi victoria. Era sábado de nuevo, el día que Dios creó para el descanso desde el principio. El día que susurró una vez:

"Estate quieto y sabe que soy Dios."

Pero hoy, la quietud tenía un ritmo.

Pum...pum...

El latido del corazón se convirtió en un ritmo. El ritmo se convirtió en un baile. Salí y sentí el aire, suave, fragante con lluvia y luz del sol, como si el cielo estuviera a un suspiro de distancia. Una mariposa pasó a la deriva... Alas abriéndose como un aleluya silencioso.

Las semillas de diente de león se elevaban con la brisa, pequeñas oraciones blancas llevadas a lugares donde quizá nunca caminara, y entonces, sin pensarlo, mi mano derecha se levantó. Mi dedo meñique recorrió el aire, el mismo movimiento que he hecho tantas veces, y luego se posó sobre mi corazón.

"Señor, lo hemos vuelto a hacer.
Siete años después...
y sigo bailando contigo."

No había escenario. Sin música. Sin gente. Solo Dios, y eso era suficiente. El Dios que me recibió en el valle ahora bailaba conmigo en la montaña. La oración que antes me cubría ahora fluía a través de mí, y esta danza, esta alabanza de séptimo año, ya no me pertenecía solo a mí.

Perteneció a *todos los* que oraron, creyeron, lloraron, esperaron, caminaron o presenciaron este viaje:

Lectores, oyentes, guerreros, supervivientes, soñadores, portadores de esperanza.

Todos nos movíamos juntos en el mismo ritmo de gracia.

Pum...pum...

Siete años después. El mismo día. El mismo Dios. Misma fidelidad. Ahora, esta promesa descansa en manos de Dios, segura, firme y sellada. Lo que ha hablado, lo cumplirá. El sábado profético que llevas en tu espíritu no es fantasía; es fe. No imaginación; sino revelación. Que esta promesa lata más fuerte en tu corazón con cada día que pasa, recordándote que la victoria tiene pulso... Y tu historia aún tiene un capítulo en desarrollo.

2030 marcará siete años. Después de eso... solo Dios sabe el año en que me llama a casa.

Pero hasta entonces, celebraré cada año, cada aliento, cada misericordia, cada latido...

Pum...pum... El baile continúa...

Reflexión — El milagro de hoy

Levanta la vista. Reconoce el regalo de este mismo momento.
Pon la palma sobre tu corazón.
Pronuncia la promesa en voz alta, aunque sea en voz baja. La profecía comienza en el pulso.

Escritura: Salmo 118:24
"Este es el día que ha hecho el Señor; alegrémonos y alegrémonos en ello."

Oración:
Padre, gracias por hoy. Ayúdame a ver este día como un milagro y una invitación a caminar contigo. Amén.

Pum...pum... Mi corazón dice:

- *"Dios, me alegro en..."*
- *"Señor, gracias por el de hoy..."*
- *"Hoy celebro..."*

Escribe tus pensamientos

Oración de cierre: "La danza continúa"

Padre Celestial,

Gracias por cada valle por el que me llevaste y por cada
montaña que me llamaste a escalar. Gracias por convertir el
dolor en propósito, las lágrimas en testimonio y el silencio en
canción.

En este séptimo sábado, elevo mi alabanza hacia Ti, no por las
cosas que veo, sino por las cosas que aún no has revelado.
Eres el ritmo de cada latido, la melodía de cada oración, el
agua viva que mantiene mi alma en movimiento.

Que este baile nunca termine, ni en mi vida, ni en la de ellos.
Que cada historia nacida de este viaje lleve tu luz a lugares
donde mis pies quizá nunca lleguen.

En cada aliento, cada paso, cada nota de fe, que el mundo vea
la belleza de Tu gracia, viva, conmovedora y victoriosa.

En el nombre de Jesús,
Amén.

En la victoria, con oración y para Su gloria. **Pum...pum...**
Porque el baile continúa... en ti, en mí y en todo el mundo.

Al cerrar este epílogo, sepan esto: **la danza no termina, evoluciona.** Estás entrando en una nueva etapa de obediencia guiada por la alegría, propósito guiado por el Espíritu y vida guiada por la victoria. Deja que la alegría sea tu ritmo ahora. Que la gratitud sea tu melodía. Que la adoración sea tu movimiento. **El baile continúa... en libertad, en victoria, en alegría.**

Cada historia tiene un final, pero no todos los finales bailan. Este epílogo no es un cierre; Es una continuación, una reverencia alegre, una inspiración agradecida, una exhalación llena de alabanza. La alegría se ha convertido en mi ritmo, y la adoración en mi movimiento. Al concluir este libro, el baile no se detiene. Simplemente se convierte en una celebración más brillante, fuerte y profunda de quién es Dios y de en quién me estoy convirtiendo en Él.

Antes de pasar esta página, respira un momento y lleva una verdad contigo:

Tu historia no está terminada, y la mía tampoco.

Este libro puede estar cerrando, pero el crecimiento continúa, tranquilo, fielmente, hermosamente. Los capítulos pueden terminar, pero Dios no. Si el capítulo final te mostró la *danza*, este epílogo te mostrará el *significado* detrás del baile, el porqué, el cómo y las suaves lecciones que Dios susurró en los espacios entre la victoria y el devenir.

Aquí es donde me aparco, miro el camino contigo y digo:

Mira lo que Dios ha hecho... y mira lo que sigue haciendo.

Pasemos la página juntos. Cada estación de mi viaje ha tenido su propio peso. El Libro Uno llevaba la pesadez del valle. El Libro Dos llevaba el aliento que siguió al valle. Pero el Libro Tres... El Libro Tres tiene algo diferente. Lleva **alegría**, pura, innegable, una alegría dada por Dios.

Cuando tuve la primera prueba de este libro en mis manos, era ligera. No solo en páginas, sino en espíritu, y Dios me susurró de nuevo:

"Así es como se siente la alegría."

Esta vez, las páginas no parecían batalla ni siquiera supervivencia. No tenían ganas de aprender a mantenerse de pie, a respirar o a sanar. Esta vez, las páginas se sentían como **movimiento**, como un suave vaivén, como una mano levantada, como un corazón *aprendiendo a bailar de nuevo*, porque esta temporada no iba de resistencia. No se trataba de recuperarse. Ni siquiera se trataba de reconstruir. Esta temporada trataba **de celebrar lo que Dios ya ha restaurado.**

El primer libro fue el grito. El Libro Dos era el aliento. El Libro Tres es el baile.

Algo hermoso ocurrió mientras escribía este libro... Mi voz cambió. No por técnica o entrenamiento, sino porque el *peso* del testimonio cambió. El Dios que caminó conmigo durante el diagnóstico, el Dios que me acompañó durante el tratamiento, el Dios que me fortaleció a través de la sanación, es el mismo Dios que ahora me invita a bailar con Él. Con cada capítulo, cada reflexión, cada oración, me di cuenta de que mi corazón tampoco era el mismo.

En el primer libro, mi corazón latía con dificultad. En el segundo libro, mi corazón latía con calma. En el Libro Tres, mi corazón **baila**, libremente, con valentía, globalmente.

Por eso este libro tenía que ser ligero. La alegría es luz. El elogio es luz. La libertad es luz. Bailar con Dios no puede ser pesado, porque Él lleva el peso, y nosotros llevamos la adoración.

Ahora, al cerrar este libro, una nueva verdad se presenta ante mí: no soy la mujer del Libro Uno. Ni siquiera soy la mujer del Libro Dos. Soy la mujer que Dios formó **a** través del valle, y la mujer que Él enseñó a **bailar** más allá de él.

Lo que empezó como supervivencia... se volvió sanador... y ahora se ha convertido en **celebración**. Esta celebración no es solo mía.

Es global. Cada historia. Todas las habilidades. De todas las culturas. Cada respiración. Cada latido. Una danza de fe tejida por todo el mundo.

Así que, con la gratitud desbordante y con el mismo latido que me acompañó desde la primera página, cierro este libro con la declaración que Dios escribió sobre mi espíritu mucho antes de que yo escribiera un solo capítulo:

El baile continúa... en mí, en ti y en todo el mundo.

Una bendición para lectores y oyentes: una bendición para quien baila con Dios.

Que el Dios que te llevó por cada valle enseñe ahora a tus pies a bailar sobre cada promesa.

Que tu corazón lata suavemente en Su presencia y con valentía en Su llamado. Que cada Pum...pum... te recuerdan que nunca estás solo, porque tu corazón lo sostiene Aquel que te transmitió la vida antes de que comenzara el tiempo.

Que la alegría surja donde antes vivía la tristeza. Que la esperanza florezca donde antes susurraba el miedo. Que despierte la fuerza donde antes persistía el cansancio y que la paz de Dios te rodee como una melodía que solo el cielo puede componer.

Bendigo vuestros pasos, que se muevan con valentía y gracia.

Bendigo tu voz, para que lleve verdad, sanación y alabanza.

Bendigo tu espíritu, para que brille con la luz que solo Dios puede dar.

Bendigo tu camino para que se convierta en un testimonio de fe, resiliencia y amor, y mientras avanzas, querido lector, oyente, que siempre recuerdes:

Tu historia forma parte de la danza global de la fe.
Tu latido tiene un propósito.

Tu elogio tiene poder.
Tu vida lleva la victoria.

Que Dios vaya delante de ti; Dios esté a tu lado, Dios habite dentro de ti, y Dios baile contigo durante todos los días de tu vida. **Amén.**

Mientras las últimas palabras se asientan en tu espíritu, que la alegría sea más que una emoción, que sea tu movimiento. La alegría es el baile que no se puede robar, el elogio que no puede ser silenciado y el latido que te lleva a cada nueva estación. Esto no es un adiós; Esto es un nuevo comienzo. La alegría ha tomado la iniciativa, y tu baile con Dios continúa.

Reflexión del epílogo: Mientras la danza continúa

Antes de cerrar este libro, tómate un momento conmigo, una pausa sagrada, un suspiro de gratitud, un último paso de baile con Dios.

Abrázate a ti mismo, igual que Dios te ha rodeado con sus brazos en cada valle, cada victoria, cada momento de silencio, cada milagro invisible.

Siente Su cobertura. Siente Su cercanía. Siente Sus alas sobre tu vida, firmes, cálidas, protectoras, amorosas.

Ahora, **coloca la mano suavemente sobre el estómago.** Siente cómo se te eleva la respiración... y caer. Deja que cada inhalación te recuerde:

Dios no ha terminado contigo.

Que cada exhalación libere el último residuo de miedo, duda o vacilación, porque este epílogo no es un final, es una apertura. Una suave puerta al siguiente capítulo de tu vida, tu testimonio, tu ministerio, tu danza.

Ahora estás en un lugar donde **la cubierta de Dios se encuentra con el valor de Dios.** Un lugar donde **Sus alas te protegen y Su fuerza surge dentro de ti.** Un lugar donde el baile continúa. Como declara la escritura:

> **"Él te cubrirá con sus plumas,**
> **y bajo sus alas encontrarás refugio."**
> *— Salmo 91:4*

"Sé fuerte y valiente...
porque el Señor tu Dios está contigo dondequiera que
vayas."
— *Josué 1:9* Amén.

Un latido: Invitación final

Al entrar en tu próximo capítulo escrito por Dios, deja que tu corazón hable:

"Pum... pum... Mi corazón dice:

- *"Dios, siento que Te cubres..."*
- *"Señor, gracias por proteger..."*
- *"Hoy, descanso bajo tus alas en..."*
- *"Dios, dame valor para..."*
- *"Señor, ayúdame a enfrentar..."*
- *"Hoy, elijo la valentía en..."*

Escribe tus pensamientos

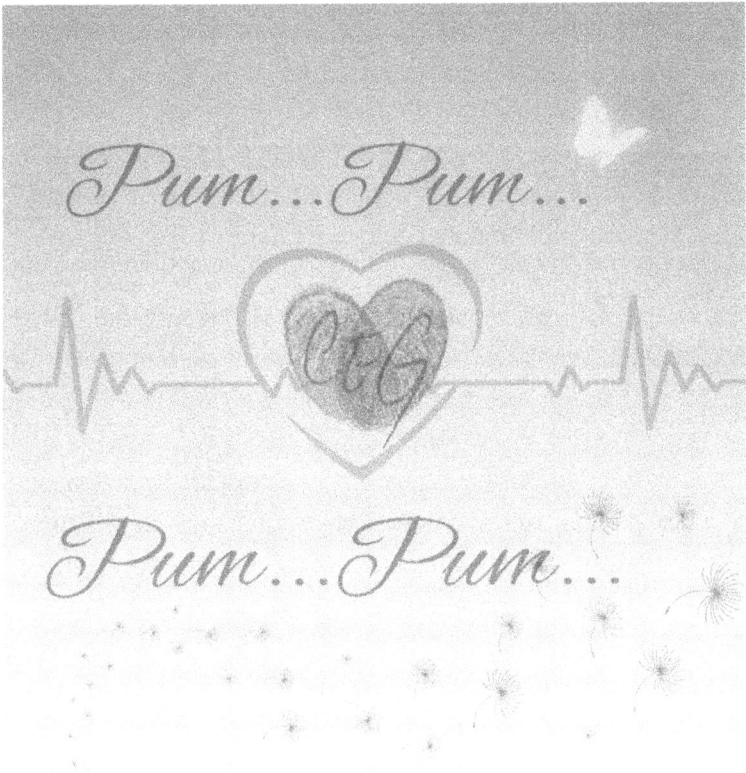

Oración final:

Una oración para activar la danza que llevas dentro

Padre Celestial,

vengo ante Ti con el corazón lleno de gratitud por aquel que
lee y escucha estas páginas, a quien elegiste, a quien llamaste,
a quien atrajiste amorosamente a esta danza de fe.

Hoy, Señor, pido activación. Activa su alegría. Activa su voz.
Activa su valor. Activa sus dones, aquellos que les pusiste
mucho antes de que nacieran.

Que todo sueño dormido despierte. Que se restaure cada parte
cansada. Que cada carga pesada se levante. Que todo miedo se
incline ante tu nombre.

Señor, con tus poderosas manos, toca su corazón ahora mismo
y deja que sientan **tu latido en el suyo.** Que sientan el **Pum...
pum...** que les recuerda que estás cerca, que estás presente y
que guías cada paso.

Enciende en ellos un fuego sagrado para orar sin miedo,
adorar sin vergüenza, testificar sin dudar y caminar con
valentía hacia el propósito que tú forjaste solo para ellos.

Deja que su vida se convierta en una declaración conmovedora
y respirante de Tu bondad.

Al cerrar este libro, que comience un nuevo capítulo, lleno de alegría, movimiento, sanación y la verdad inquebrantable de que:

El baile continúa...
en ellos, a través de ellos y mucho más allá de ellos.

Pedimos, creemos, recibimos, en el poderoso y victorioso nombre de Jesús,
Amén.

En la victoria, con oración y para Su gloria. **Pum... pum...**
Porque el baile continúa... en ti, en mí y en todo el mundo.

A Dios sea la Gloria.

El baile continúa... Mientras la alegría toma la delantera y la danza continúa hacia nuevas estaciones, hay una revelación más que Dios susurró en mi espíritu, un capítulo final que completa este libro con un propósito divino. Así como los discípulos caminaron con Jesús, doce pasos completan un viaje, y antes de que este testimonio termine, Dios me recordó una última verdad: **algunas victorias no vienen de luchar... Vienen de la elogiación.** Así que llegamos a Jericó, no como espectadores, sino como bailarines en la victoria de Dios.

Capítulo 12 La Danza de Jericó: Cuando la alabanza rompe barreras

Doce.

Un número que Dios ha tejido a lo largo de las Escrituras, un número de completitud, autoridad y orden divino.

Doce tribus. Doce puertas. Doce piedras de recuerdo. Doce discípulos que llevaron el mensaje adelante, y ahora... **doce capítulos.**

Este libro no termina en doce por casualidad, sino por **encargo**, porque este testimonio no trata solo de sobrevivir a las estaciones; trata de caminar en **el gobierno espiritual**, la autoridad en la identidad y el orden divino que Dios ha establecido sobre tu camino y el mío.

Doce capítulos sellan este libro de la misma manera que doce discípulos sellaron un movimiento. Esto es una finalización con propósito. Mientras este capítulo final se asienta en tu espíritu, que la **alegría tome la iniciativa en tus pasos.** Una alegría que fluye sin fuerza. Una alegría que surge sin explicación. Una alegría que baila incluso cuando la música está en silencio.

Esta alegría no es frágil, está fortalecida por todo lo que Dios te ha hecho pasar.

Tu corazón ha aprendido a latir de nuevo. Tu fe ha aprendido a resurgir. Tu espíritu ha **aprendido a bailar de nuevo.**

Algunas batallas no se ganan con fuerza, estrategia o esfuerzo, sino mediante **obediencia, movimiento y alabanza.** La historia de Jericó no es simplemente un milagro de muros caídos; es la **revelación** de lo que ocurre cuando la fe marcha y la alabanza guía el camino.

Los israelitas no gritaron porque cayeron los muros. **Las paredes cayeron porque gritaron.** De la misma manera, tu elogio tiene peso. Tu alabanza tiene autoridad. Tu obediencia lleva fuerza espiritual. Antes de que aparezca el avance, tu corazón ya tiene un ritmo que el Cielo reconoce: el ritmo de un creyente que ha elegido la confianza en lugar del miedo.

Algunos muros caen al instante. Otros se organizan por etapas. Pero **cada muro cae** cuando Dios lo dice. Los israelitas dieron siete vueltas a su "imposible". Siete, el número de completad. Cada vuelta era una declaración:

"Confiamos en Ti incluso cuando no vemos movimiento."

Así que, cuando llegó la séptima vuelta, cuando alzaron sus voces en alabanza unificada, el Cielo respondió. Las paredes no se agrietaron simplemente. **Colapsaron** bajo el peso de la promesa de Dios. Éste... es tu **baile de Jericó.** No una danza de perfección, sino de **persistencia.** No una danza de actuación, sino de **elogios.**

Con cada latido... pum-pum... Con cada oración susurrada con fe, con cada aliento de rendición, declaras:

"Dios, haré mi parte... y tú te encargarás del resto."

Deja que esto se asiente profundamente en tu espíritu:

Eres *Victorioso/a... con oración*. Estás *bailando con fe*. Tu Pum...pum... diario está rompiendo barreras que ni siquiera ves todavía.

Al entrar en este capítulo, mi **temporada de Jericó**, me di cuenta de algo poderoso:

El elogio no siempre es un susurro. A veces es un **grito**. A veces es el sonido lo que hace que las paredes se derrumben. A veces es el momento en que el Cielo dice:

"Ahora... canta."

Así como los israelitas marchaban alrededor de sus muros, mientras yo marchaba por mis valles, mis tratamientos, mis cirugías, mis miedos y mis victorias, una melodía comenzó a elevarse dentro de mi espíritu.

Al principio suave. Luego tranquilo. Luego imparable.

No soy cantante profesional. Soy una adoradora. Una hija. Una guerrera. Un testimonio, y en este momento de Jericó de mi camino, **Dios permitió que mi corazón se convirtiera en una canción, un Salmo.**

A través de la oración, di a luz una canción de adoración directamente de mis valles, mis batallas y mis testimonios.

Esto no es solo una canción. Este es mi **grito**. Este es mi **momento de caída de muro**. Este es mi **baile de la victoria**.

A continuación están las letras elaboradas con gracia, una ofrenda de adoración nacida de mis profundidades y elevada en alabanza.

MI CANCIÓN DE JERICHO: EL SONIDO DE MI GRITO

Aleluya.
Tú eres el Alfa y la Omega.
Con un corazón agradecido vengo ante Ti
con acción de gracias
y una danza de alabanza.

Me sostuviste cuando el temor me rodeaba,
cuando la noche superaba la promesa del amanecer.
Cargaste mi aliento cuando mis fuerzas faltaban
y susurraste esperanza cuando mi voz calló.

Antes de enfrentar el valle,
ya obrabas en el vientre de mi madre.
Antes de que un médico hablara de límites,
Tú pronunciaste mi nombre.

Lo que fue llamado frágil,
Tú lo llamaste propósito.
Lo que fue declarado como final,
Tú lo reescribiste como comienzo.

Caminé por el valle, pero nunca me dejaste.
Entre lágrimas, tratamientos y fe temblorosa,
fuiste mi refugio,
mi cobertura,
mi Salmo 91.

Rodeé los muros en obediencia,
confiando en que terminarías lo que comenzaste.
Cuando Tú hablas, hablas vida

y el número **siete** reveló plenitud.
Tu promesa se hizo clara y verdadera,
y por eso te doy gracias.

Guerreros de oración oraron.
En unidad encendimos Tu fuego santo
un fuego que no quema,
sino que restaura,
refina
y transforma.

Mis hijos estuvieron en primera fila.
Fueron testigos de Tu fidelidad en tiempo real.
No son espectadores del milagro
son parte del propósito.

Me enseñaste que la alabanza no es la recompensa de la
victoria,
sino el camino hacia ella.
Que la oración tiene poder
y la obediencia tiene autoridad.

La victoria, a veces, es una bendición disfrazada
un llamado a prosperar más allá del valle,
a vivir victoriosamente,
danzando en oración,
con oración,
y por medio de la oración.

Convertiste mi lamento en danza.
Los muros no cayeron porque yo fuera fuerte,
sino porque **Tú eres fiel**.

Ahora mi corazón late con el ritmo del Cielo.
Danzo como David, libre y sin vergüenza.
Porque Tú eres mi Dios,

mi Libertador,
mi Canción.

Hasta mi último aliento,
mi corazón late
Dios es bueno.
Siempre.

Cuando las últimas palabras de esta canción salieron de mis
labios, sentí algo sagrado. Esta canción **es** mi grito de Jericó.
Estas letras **son** el sonido de mis muros cayendo. Esta melodía
es el ritmo de mi libertad, y este baile, este baile de David, no
comenzó *después* de la victoria... **Eso creó la victoria.** Mi
latido, pum…pum… se convirtió en adoración. Mi adoración
se convirtió en movimiento. Mi movimiento se convirtió en un
avance, y mi avance en testimonio.

El baile continúa. La canción continúa, y también el
testimonio, en ti, en mí y en cada lector y oyente que se atreva
a gritar de nuevo.

Reflexión — Capítulo 12: La danza de Jericó

Levanta las manos, tu espíritu, ligeramente, palmas abiertas.
Así como los israelitas alzaron sus voces, elevad vuestra admiración.

Escritura:
Josué 6:16 "¡Gritad porque el Señor os ha dado la ciudad!"

Pum...pum... Tu corazón dice:

- "Señor, ayúdame a caminar fielmente alrededor de mis muros..."
- "Enséñame a gritar en alabanza antes de que llegue el avance..."
- "Confío en que lo que parece imposible caerá en tu tiempo..."

Escribe tus pensamientos

La bendición de la Onda del Corazón

Una bendición final de victoria, inclusión y alabanza eterna. A medida que este viaje llega a su fin, detente conmigo una vez más. No para terminar el baile... sino reconocer que la danza ahora continúa dentro de ti. Cada página que pasabas, cada escritura que abrazabas, cada respiración que tomabas mientras leías o escuchabas, se convertían en parte de tu propio ritmo, tu propio testimonio, tu propio latido de victoria, porque mucho antes de que comenzara este libro, Dios puso en marcha tu corazón.

Pum…pum...

El ritmo de la vida. El ritmo del propósito. El ritmo de un baile que no termina con pasar una página. Ya sean tus movimientos fuertes o suaves, visibles o invisibles, físicos o espirituales, voluntarios o asistidos, tu corazón sigue bailando. Tu ánimo sigue elevándose. Tu vida aun testifica.
Dios ve el corazón, siempre, y llama a ese corazón victorioso.

LA BENDICIÓN DEL CORAZÓN
1. El levantamiento del meñique, "La promesa continúa."
Levanta el meñique o imagina que se eleva en tu espíritu.
Esta promesa no terminó en el Libro 2. Evolucionó. Se expandió. Bailó.
2. La Ola, "Mi alabanza fluye hacia adelante."
Mueve la mano, la cabeza, el hombro, lo que pueda moverse.
Si nada puede moverse, deja que tu respiración sea tu adoración, y si tu respiración es débil o está sostenida, deja que tu espíritu forme la ola.
3. El Regreso al Corazón "Dios termina lo que empieza."
Coloca tu mano o tu conciencia, de vuelta a tu corazón. Siente el Pum...pum...
Tu ritmo dado por Dios. Tus elogios ininterrumpidos. Tu victoria en movimiento.

UN MOMENTO ESPIRITUAL FINAL
Cierra los ojos o simplemente descansa tu espíritu. Deja que el último latido de este libro resuene dentro de ti:
"Mi corazón sigue bailándo. Mi propósito sigue fluyendo. Mi alabanza sigue saliendo, y Dios aún no ha terminado conmigo."

EL BAILE CONTINÚA...

En la victoria, con oración y para Su gloria. Codo con codo, corazón a corazón, a través de generaciones, habilidades y naciones, nos alegraremos, testificaremos y bailaremos sin vergüenza, victoriosos y libres.

Porque la danza continúa, en tus pasos, en tu silencio, en tu respiración, en tu latido y en el legado que Dios está escribiendo a través de ti.

Siempre victoriosos.
Cubierto para siempre.
Bailando para siempre.

Gracias

A cada lector, oyente y creyente que dio el salto de fe, que abrió su corazón para escuchar la voz de Dios a través de mi camino, gracias.

Ya fuera que leyeras las páginas, escucharas las palabras o simplemente las llevaras en oración, te convertías en parte de algo mucho más grande que un libro. Te convertiste en una semilla, un testimonio viviente en movimiento.

Cada uno de vosotros representa un proceso divino: algunos están floreciendo, otros en plena floración y otros apenas comienzan a brotar. Pero cada uno de vosotros lleva dentro el aliento del propósito de Dios.

Desde lo más profundo de mi corazón, gracias por permitir que mi historia, mi dolor y mi alegría, formen parte de tu vida. Has caminado conmigo física, mental, emocional y espiritualmente, y por eso, este camino continúa, no solo en mí, sino en *ti*.

Que cada página que hayas leído, cada oración que has susurrado y cada lágrima que hayas derramado regarán el jardín de Dios que crece dentro de ti. No sois solo lectores, sois la cosecha de la fe, y juntos florecemos victoriosos con la oración. Gracias por formar parte de mi ***Milagro***.

Con todo mi amor y gratitud,
— Cynthia E. Razo

"Así que ni el que planta ni el que riega son nada,
sino solo Dios que hace crecer las cosas."
— 1 Corintios 3:7 (NVI)

Una edición en inglés de este libro está disponible como:
Victoriously with Prayer – The Dance Continues

MANTENTE CONECTADO:
PRAYERCOVEREDME@GMAIL.COM

Sobre la autora

"Estate quieto y sabe que soy Dios." — *Salmo 46:10 (NVI)*

Cynthia E. Razo es una mujer latina de fe inquebrantable, guerrera y testimonio viviente del poder transformador de Dios. A través de su trilogía, *Victoriosos a través del poder de la oración -El Cáncer de mama: una bendición disfrazada, La Victoria a través de la oración: Prosperando más allá del valle,* y *Victoriosamente con la oración – La danza continúa,* invita a lectores y oyentes a un camino sagrado de sanación, esperanza y victoria a través de la oración.

Su historia no trata sobre religión, trata sobre relaciones. Una conexión real, continua, uno a uno con *el Elegido, el YO SOY.* A través de cada valle y cima, Cynthia ha aprendido que la oración no es una práctica que dominar, sino un salvavidas que sostener, una conversación con Dios que nunca termina.

Tras superar el cáncer de mama, Cynthia descubrió que la victoria no es un solo momento, sino un ritmo, una danza continua con Dios a través de la oración. Su viaje reveló que lo que comienza como una bendición disfrazada puede romper ataduras físicas, mentales, emocionales y espirituales, no solo para una vida, sino para todos los que están conectados a ella.

Hoy, Cynthia sigue compartiendo su historia de fe en movimiento, empoderando a otros para que se levanten, sanen y prosperen a través de sus propios encuentros con Dios. Sus libros, devocionales y grabaciones están disponibles en inglés y español, con próximas ediciones en letra grande, Braille y audio para asegurar que todas las habilidades, todos los idiomas y todos los corazones puedan unirse a la danza.

Para cada lector y oyente, su mensaje permanece firme: No estáis olvidados. No estás solo. Estás cubierto de oración, elegido con propósito e invitado a la relación más hermosa de todas, un paseo diario con el YO SOY.

El baile continúa...

Conecta con Cynthia:
Prayercoveredme@gmail.com

Sello FINAL de la Victoria

Al finalizar este libro en ambos idiomas, me di cuenta de que Dios había alineado las páginas, perfectamente. El mismo número de páginas en inglés y en español.

Eso no es una coincidencia.
Eso es alineación.
Eso es orden.
Esa es la huella de Dios en tus páginas.

La mayoría de los libros bilingües nunca terminan con la misma cantidad de páginas. El español casi siempre resulta más largo, el inglés suele ser más corto, y el formato normalmente los separa por varias páginas.

Pero aquí, el latido de este testimonio late en unidad. Una señal de que esta danza es para todos los idiomas, todas las naciones, todos los corazones.

"El Señor cumplirá su propósito en mí."
— *Salmos 138:8 (NVI)*

"Una multitud tan grande que nadie podía contarla, de todas las naciones, tribus, pueblos y lenguas."
— *Apocalipsis 7:9 (NVI)*

ORACION

Señor,

gracias por responder a mis oraciones. Gracias por cada bendición que pusiste en mis manos, vista e invisible,

121

susurrada y presenciada, por la que luchaste y me dieron libremente.

Ahora oro por la disciplina para *que guarde* lo que me has confiado, para no desperdiciarlo, para no enterrarlo, para no tratarlo a la ligera. Dame la sabiduría para *multiplicarlo* , para compartir la bendición, para levantar a otros, para derramar lo que Tú derramaste en mí.

Que nada en mí impida lo que deseas hacer a través de mí. Que cada don se use con propósito, que cada testimonio se comparta con valentía, que cada victoria se lleve con humildad.

A través de Ti.
Para Ti.
Por Ti.
Deja que este baile continúe,
más fuerte, más profundo y para siempre alineado con tu
latido.

Pum…pum... Pum…pum... amén.

Estas páginas son para ti: escribe, dibuja, ora, sueña y continúa con tu propia danza de victoria.

Escribe tus pensamientos

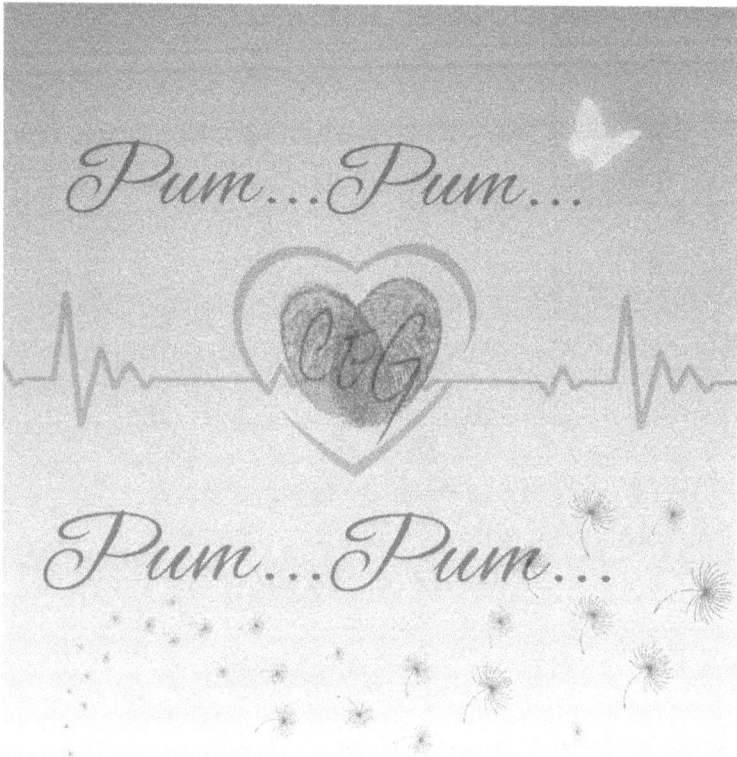

Escribe tus pensamientos

Escribe tus pensamientos

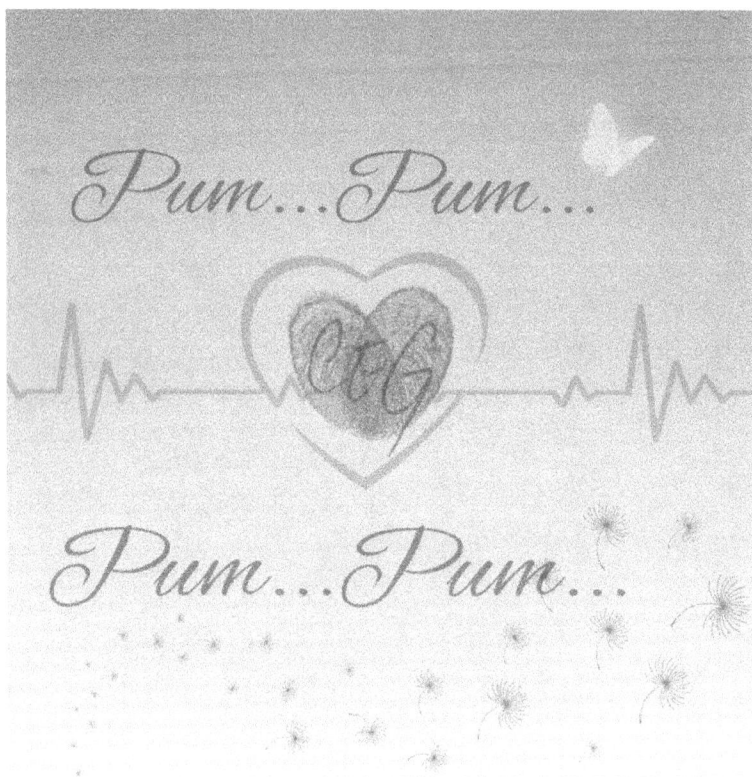

www.ingramcontent.com/pod-product-compliance
Lightning Source LLC
Chambersburg PA
CBHW021507090426
42739CB00007B/502